Comorile Întunericului

Volumul I
"CRONICILE UNUI VĂZĂTOR"

Joseph C. Sturgeon II

Traducere în limba română de Cristina Bordînc

Published by Seraph Creative

Comorile Întunericului
Volumul I
CRONICILE UNUI VĂZĂTOR
JOSEPH C. STURGEON II
Copyright @ 2015 by Joseph C. Sturgeon II

Toate drepturile rezervate. Această carte este protejată de legea copyrightului a USA. Această carte nu poate fi copiată sau retipărită din interes comercial. Folosirea unor scurte citate sau copierea ocazională a unei pagini pentru studiu personal sau în grup, este permisă și o încurajăm.

Citatele Biblice sunt din Biblia română Traducerea Cornilescu versiunea ortodoxă.

English version published by Seraph Creative in 2015
United States / United Kingdom / South Africa / Australia
www.seraphcreative.org
Typesetting & Layout by Feline
www.felinegraphics.com

All rights reserved. No part of this book, artwork included, may be used or reproduced in any matter without the written permission of the publisher.

ISBN 978-0-6486985-9-3

DEDICAȚIE

Această carte este dedicată sfinților minunați a căror umblare cu Dumnezeu în taină, este nemăsurat de puternică și intimă, totuși necunoscută. Sunteți cunoscuți în cer.

Am avut marea bucurie și onoare de a traduce în limba română această carte scrisă în Cer, care sper să aprindă multe inimi. Fie ca Dumnezeu să vi se descopere în cel mai intim și personal fel, când veți citi această carte cu credința și inocența unui copil. E o carte simplă dar de o profunzime cutremurătoare, care miroase a sfânt.

Cristina Bordînc

CUPRINS

CAPITOLUL 1 : 12 ....DESCHIZĂTORI DE DRUMURI

CAPITOLUL 2 : 14 ....POVESTEA MEA

CAPITOLUL 3 : 18 ....SABIA

CAPITOLUL 4 : 25 ....SCUTUL

CAPITOLUL 5 : 41 ....PĂDUREA

CAPITOLUL 6 : 54 ....GIBRALTAR

CAPITOLUL 7 : 62 ....CENTURA ADEVĂRULUI

CAPITOLUL 8 : 72 ....FÂNTÂNA

CAPITOLUL 9 : 83 ....RÂUL

CAPITOLUL 10 : 92 ....PLATOȘA NEPRIHĂNIRII

CAPITOLUL 11 : 103 ....ÎNCĂLȚĂMINTEA

Îți voi da comorile întunericului, bogății ascunse în locuri tainice,

ca să știi că Eu sunt Domnul,

Dumnezeul lui Israel,

Care te chem pe nume.

- Isaia 45:3

INTRODUCERE

Doresc să îmi împărtășesc inima cu voi. Există mulți oameni în lumea de astăzi care încep să aibă experiențe similare cu cele ale lui Enoh.

În ultimii ani, în scurtul timp al lucrării mele, am auzit afirmația „umblând cu Dumnezeu ca Enoh". Dumnezeu se mișcă atât de puternic și de repede acum, încât „umblând cu Dumnezeu ca Enoh" va deveni o experiență comună. Cred că în curând se va ajunge la o așa intimitate cu Hristos, în trupul Lui, încât această afirmație se va schimba în „umblând cu Dumnezeu ca ..." introduceți numele vostru aici!

Această afirmație nu e plină de mândrie, ci mai degrabă o decizie glorioasă a lui Dumnezeu, o dorință arzătoare a Tatălui nostru ceresc. El își dorește o relație intimă cu oamenii, dincolo de capacitatea noastră de a înțelege acum. El dorește oameni cu care să umble și să stea în Adevăr.

Această carte nu este scriptură. Canonul este închis. Totuși această carte conține principii și revelații biblice. Veți citi revelații despre Împărăția lui Dumnezeu, Cuvântul lui Dumnezeu, revelații din inima acestui Dumnezeu-om, Isus. Mă rog ca această scriere să îl catapulteze pe cititor la niveluri mai ridicate de intimitate și adevăr cu Tatăl, cu Isus Hristos și cu prețiosul Duh Sfânt. Sub nici un chip nu mă consider mai presus. Dacă această revelație a făcut ceva, m-a făcut să înțeleg că în realitate nu prea știu nimic.

Această carte s-a născut dintr-o viziune și cuprinde viziuni. Unele din lucrurile scrise și afirmate aici sunt mesaje care pot fi simbolice. Mulți oameni au tendința să se piardă în detalii care uneori pot duce la interpretări greșite. Astfel, oamenii devin nervoși pierzând complet mesajul transmis de Dumnezeu și Spiritul în care El a transmis acel mesaj. Prin grație divină a fost posibil ca aceste viziuni să fie văzute şi scrise.

Înţelegerea pe care am primit-o, de cele mai multe ori venea imediat, dar uneori Domnul mi-a descoperit-o gradual, mai târziu. Vreau să SUBLINIEZ că ceea ce am scris în această carte este doar o parte a „imaginii întregi".

Este dorinţa mea ca Domnul sa ia această scriere şi să o folosească spre a se descoperi pe El însuşi vouă, prin Biblie şi prin experienţele voastre directe cu El. Este foarte uşor ca cineva să citească o viziune, să o perceapă prin prisma minţii, să fie de acord cu ea, totuşi să piardă în totalitate revelaţia pe care o are Domnul pentru acea persoană. Vă încurajez să îl căutaţi pe Dumnezeu de fiecare dată când nu înţelegeţi ceva din această carte. Vă rog ca atunci când nu înţelegeţi ce este scris, să îl rugaţi pe Dumnezeu pentru revelaţie şi să continuaţi să citiţi.

Este înţelept ca uneori când nu înţelegem ceva, să punem acea idee pe raft şi să credem că la timpul potrivit Domnul ne va descoperi dacă este corectă sau nu. Am învăţat greu că doar pentru că nu înţeleg ceva, nu înseamnă că este incorect sau nebiblic.

Unul din scopurile mele în această carte, este să scriu doar ce îmi spune Dumnezeu şi ceea ce văd, fără a-mi exprima opiniile mele. Nu pot să promit că voi reuşi în totalitate dar pot să vă spun că e o dorinţă serioasă şi mă străduiesc cât pot. Aşa să fie!

Domnul Isus însuşi m-a autorizat să scriu această carte şi mi-a dat viziunea pentru ea. Într-o zi stăteam împreună cu un om al lui Dumnezeu care s-a uitat direct la mine şi a spus 'Joseph, sunt cărţi care vin spre tine să fie scrise, vin ca un tren de marfă. Pregăteşte-te!' În acea seară când m-am dus acasă, în timp ce îl aşteptam pe Dumnezeu, Domnul Isus a venit la mine într-o viziune, mi-a dat un stilou de aur şi mi-a spus 'Scrie'. A scrie aceste viziuni este simplu totuşi infinit de complicat.

Stau la calculator și îl aşept pe Dumnezeu. Mi-au trebuit peste patru ani să termin această carte. De fiecare dată când mă aşez, viziunea începe de unde s-a terminat ultima dată. Multe din aceste viziuni și cuvinte mi-au fost date sub formă de imagini deschise, afișate în fața mea ca pe un ecran panoramic. În alte viziuni conștiința mea era complet captivată și nu știam dacă sunt în trup sau în afara trupului. Totuși conștientizam undeva în interior că viziunea se va termina și mă voi trezi șezând pe scaunul de la birou. Nu puteam scrie până când viziunea nu era completă. Pe acestea le numesc viziuni interactive.

Restul viziunilor le-am perceput cu ochii minții. Nu am fost în acele locuri în trup. Uneori viziunile începeau imediat cum mă aşezam pe scaun, alteori așteptam pe Dumnezeu ore întregi înainte de a primi ceva. La început a fost foarte greu să mă liniștesc, trecând luni între momente pentru că îmi lipsea concentrarea, și viziunile durau între cinci și douăzeci de minute. Mai târziu treceau săptămâni între momente și viziunile durau mai mult. Acum sunt în fiecare seară și durează între două și şase ore, este o grație divină specială pentru a termina lucrarea, pentru că am învățat sa mă concentrez și să văd.

Trebuie ca noi toți să fim mulțumiți cu El și să fim complet satisfăcuți de prezența Lui. Făcând asta începem să fim umpluți de iubire; și Iubirea este cea mai puternică forță din univers. Sunt mulți oameni în lume care au largi congregații, totuși sunt plini de probleme sufletești și nu înțeleg marea iubire a lui Dumnezeu pentru noi. Când spun asta, vreau să precizez că și eu sunt în proces de maturizare. Fiind în prezența Lui, Îi permitem să ne transforme inimile și ne ajută să vedem limpede. Calea spre deschiderea vederii spirituale este în așteptarea Lui.

Titlul 'Comorile întunericului' provine din Isaia 45, unde Domnul îi vorbește lui Cirus. În timp ce așteptam pe Domnul într-o seară, L-am văzut pe Isus cu o Creangă de Aur în mână, o ducea ca ofrandă de sacrificiu plăcut Tatălui. Pe această creangă era scris 'Rămășița'. În timp ce mergea, L-am văzut lovind pământul cu acea creangă, cu forța eternității. Pământul a început să se despice și au răsărit stejari maturi de diferite culori. Imediat am înțeles că acești copaci erau 'Stejarii Neprihănirii'. Gravat pe acești stejari ai neprihănirii era numele Cirus. Cirus a fost un rege al Persiei care i-a eliberat pe iudei. Cred că Domnul va unge o companie de oameni numită 'Rămășița' așa cum a făcut cu Cirus, și le va da tot ce a promis lui Cirus în Isaia 45. Această rămășiță va fi responsabilă cu adăpostirea și protecția evreilor din lume în timpul unor mari persecuții. Stejarii neprihănirii reprezintă de asemenea copaci ai neprihănirii care vor răsări în curând și vor aduce vindecare națiunilor. Vor aduce restaurarea inimilor oamenilor și reconstruirea orașelor devastate din lume.

Iubirea în care vor umbla acești Stejari ai Neprihănirii va fi fără precedent, însoțită de revelația identității de Fiu, va permite acestui grup de oameni să pătrundă pe tărâmul 'lucrărilor și mai mari'. 'Rămășița' va fi o ramură sau o extensie a Pomului Vieții, care este Isus. Acești Fii manifestați ai Împărăției Divine, vor fi cei care vor învinge ultimul dușman. Moartea.

Una din promisiunile lui Dumnezeu pentru Cirus este că îi va da 'Comorile Întunericului' și 'bogății ascunse în locuri secrete'. Aceste comori și bogății ascunse TREBUIESC recuperate. Multe dintre aceste comori au fost deja recuperate și sunt disponibile în mâna Lui, pentru noi ACUM. Altele sunt păstrate de Dumnezeu pentru generația de la sfârșitul timpurilor. Sunt convins că această generație se află deja pe pământ acum. Ne aflăm la începutul sfârșitului timpurilor. Toate aceste comori sunt scăldate în destinul reușitei.

Această carte conține revelații care au fost o sursă de comori și bogății ascunse pentru mulți.

Străduința mea este ca această carte să fie un catalizator în a vă aduce într-o relație intimă cu Dumnezeu, acolo unde numai voi cu EL puteți merge. Mă rog ca citirea cărții să declanșeze un transfer tangibil de la Dumnezeu și de la mine către voi, prin ce am dezvăluit din experiențele mele.

Mă rog ca adevărul din conținut să distrugă orice piedică din calea spre intimitate cu Dumnezeu și, așa cum Duhul Sfânt vă descoperă, să fiți atrași într-o foame de adevăr, revelație și schimbare. Mă rog ca revelația și iubirea să vă facă, nu numai să faceți ce spune Domnul ci să trăiți la nivelul MĂREȚIEI chemării, a destinului vostru divin. Mă rog să fiți desăvârșiți ca o mireasă gata de nuntă și Fiii Împărăției Cerești să înceapă să se manifeste cu putere. Mă rog să puteți VEDEA tot ce are Dumnezeu pentru voi și să începeți să vă vedeți pe voi înșivă așa cum vă vede El.

Declar VICTORIE în viețile voastre și lucrurile care vă stau în cale, să fie strânse și îndepărtate. Strig GRAȚIE, GRAȚIE drumului vostru, către orice lucru care stă în calea creșterii voastre în Dumnezeu.

Doamne mă rog, deschide-ne ochii inimilor și invadează-ne viețile cu iubirea Ta.

Lasă ca iubirea Ta și adevărul Tău să cadă ca ploaia, în numele lui Isus. Așa să fie!

Deschizători De Drumuri

CAPITOLUL 1

"DESCHIZĂTORI DE DRUMURI"

Când aud termenul de deschizător de drumuri, de premergător, și mă uit la oamenii din viața mea care au fost chemați premergători, îmi imaginez o persoană încredințată de Dumnezeu cu ceva deosebit. Apoi trei lucruri se pot întâmpla. Darul primit a fost bine întrebuințat, darul a fost irosit deoarece interesele personale au devenit mai importante, Dumnezeu a continuat să meargă mai departe dar acea persoană a refuzat (s-au oprit la revelația inițială). Haideți să administrăm cu credință ceea ce primim, să evoluăm în guvernarea Pământului, continuând să înțelegem cine suntem și ce a declarat Tatăl nostru despre noi, înainte de facerea Lumii.

Astăzi pe Pământ sunt mulți premergători, majoritatea preferând să rămână anonimi, exceptând cazurile în care au primit de la Dumnezeu o platformă de a funcționa în public. După părerea mea, majoritatea premergătorilor nu sunt cunoscuți în lume. Sunt cunoscuți în Cer.

Acești premergători cunoscuți sau necunoscuți sunt responsabili de guvernarea Pământului din Cer și sunt implicați direct în declanșarea la timp a evenimentelor divine majore, stabilind limitele și parametrii în jurul lucrurilor care pot decurge greșit. Acest tip de autoritate poate fi obținută doar prin asumarea responsabilității.

A fi un deschizător de drumuri este un privilegiu care vine doar din intimitatea cu Dumnezeu. În curând Trupul lui Hristos, biserica, va începe să opereze în ceea ce acești premergători au pionierat. Fii maturi. E timpul ca Fii să înceapă să Guverneze și să ajute și pe alții să se maturizeze peste tot în lume, pentru a intra în plinătatea mărturiei declarate dinaintea facerii Lumii.

Povestea Mea

CAPITOLUL 2

"POVESTEA MEA"

Vreau să scriu câteva rânduri pentru a da cititorului o scurtă introducere, putând astfel înțelege de unde provin și cum am ajuns să scriu această carte. Când aveam șase ani am început să văd demoni. Încercau să mă omoare. Nu am spus asta nimănui; eu eram acel copil care trebuia să doarmă cu lumina aprinsă pentru că îmi era frică de întuneric. L-am acceptat pe Isus ca Salvator când aveam șapte ani. Câțiva ani mai târziu datorită fricii, capacitatea mea de a vedea în spirit a dispărut.

În liceu am fost un bun atlet dar nu am continuat datorită unor răni sufletești nevindecate, chiar dacă au existat oportunități în câteva sporturi. Am jucat golf în facultate și alergam rapid o milă. Sufletul nevindecat m-a făcut să iau câteva decizii foarte greșite care au condus la niște situații de viață teribile.

Într-o noapte, în mijlocul necazurilor mele, vorbeam cu o persoană despre care abia aflasem că era Duhul Sfânt. Brusc Cerurile s-au deschis și o voce puternică a răsunat din Eternitate spunând " Joseph, știu drumul pe care îl urmezi". Asta a provocat un mic cutremur în mine și într-o clipă am fost botezat cu Duhul Sfânt, ochii mei spirituali au fost redeschiși, văzând din nou demoni.

Ar fi fost ceva dacă aș fi văzut demoni peste tot dar nu era așa. Puteam să văd doar demonii care îmi afectau viața și îi vedeam clar ca lumina zilei. Până când am rupt orice acord sau legământ făcute cu ei, am adormit în fiecare noapte văzându-i în cameră cu mine, comportându-se ca niște idioți și încercând să mă rănească.

La câțiva ani după ce am scăpat de acei demoni din viața mea, am început să văd demoni în jurul altor oameni. Dar deja aveam așa o experiență încât nu mă mai impresionau deloc. Pe atunci am început să văd raze de lumină. La început treceau brusc prin câmpul meu vizual dar, cu timpul, recunoscându-le semnificația, razele de lumină au devenit forme de lumină arătând ca îngeri. Acesta a fost începutul vederii 'celor buni'.

În acel moment am devenit preocupat, am început să studiez Biblia și să caut motive care să mă ajute să trăiesc mai multe experiențe și întâlniri divine. Am descoperit Ioan 14 unde Isus promite că își va manifesta prezența. Am prins această promisiune și am alergat cu ea, știind că El se va arăta. Un an mai târziu eram în camera mea închinat, când brusc Isus Hristos a intrat prin zid în cameră și mi-a spus 'Grația de a vedea în Spirit mai clar decât vezi în ceea ce tu numești realitate, ți-a fost extinsă'. Ochii mi s-au deschis și mai mult și am crescut în har din acea noapte până astăzi.

După nenumărate vizite la mine în cameră și în alte locuri, Isus a venit la mine și mi-a spus că s-a plictisit să vină aici și dacă vreau să îl întâlnesc mai mult va trebui să vin în Cer. Deși viziunile din această carte nu sunt toate din Cer, scrierea acestei cărți este despre cum am fost învățat să accesez Cerul. Vă încurajez să vă folosiți imaginația pentru a lua parte la experiențele mele descrise aici și sper să aveți voi înșivă sute de astfel de experiențe. Accesul în cer este deschis tuturor Fiilor si Fiicelor lui Dumnezeu. Este o tragedie ca cineva să aloce întâlnirile cerești doar celor dăruiți cu vederea în Spirit. Toți am început undeva și am crescut. De ce să nu începi acum?

Mă rog ca urmare a viziunilor mele cerești să fiți inspirați și să creșteți în credință pentru a avea propriile voastre aventuri cu Dumnezeu.

CAPITOLUL 3

"SABIA"

Stăteam deasupra norilor într-o fereastră care privea în Cer. În spatele meu se afla lumea din care veneam. Priveam prin fereastra din Apocalipsa 4:1. Fereastra era din lemn de salcâm cu un finisaj natural și mirosea puternic a lemn de salcâm. Pe marginile ferestrei erau gravate cele nouă fructe ale Spiritului, o lumină strălucitoare emana din ele. Deasupra era gravată Iubirea, dedesubt Bucuria, Pacea era la dreapta și Răbdarea la stânga. Celelalte fructe ale Spiritului erau gravate în alte locuri ale cadrului ferestrei. În timp ce priveam prin fereastră, l-am văzut pe Domnul Isus pășind spre mine, cărând o robă care părea făcută din satin alb. Numele celor șapte Spirite ale lui Dumnezeu erau scrise pe această robă, fiecare într-o culoare diferită corespunzătoare unei culori din curcubeu. Erau Spiritul Înțelepciunii, Spiritul Revelației, Spiritul de Consiliere (sfat), Spiritul Puterii, Spiritul Cunoașterii, Spiritul Fricii de Dumnezeu și Spiritul lui Dumnezeu. Când Domnul mi-a luat hainele murdare și m-a îmbrăcat în acea robă, am înțeles că acea robă era vie și emana multă iubire.

Când am pășit prin fereastră primul lucru întâlnit a fost un copac imens. Era copacul Înțelepciunii și Profunzimii. Acest copac era enorm cu un trunchi gros și ramuri largi, extinse și statornice. Ramurile erau ferme și baza lor era solidă. Copacul avea cioplită o ușă în față. Era maro, cioplită simplu dintr-o singură bucată de lemn înaltă de 2 metrii, lată de un metru și cam de opt centimetrii grosime. Ușa avea un mâner de fier de modă veche, un model simplu. Când m-am apropiat de ușă ca sa văd ce se află dincolo de ea, am privit în sus spre copac și am fost surprins de ceva neașteptat. Pe toate ramurile copacului se aflau fețe vii de oameni. Acești oameni eram sfinți din vechime care au umblat în Înțelepciune și au rezistat temeinic multor furtuni fiind bine stabiliți în Înțelepciunea lui Dumnezeu. Uitându-mă la fețele lor am recunoscut pe unul din ei. Era un cunoscut evanghelist vindecător din anii 1950'. El mi-a spus: "Această Înțelepciune este atotcuprinzătoare. Acum mergi frate drag și cercetează adâncimile Spiritului Înțelepciunii. Fii puternic și curajos pentru că Dumnezeu a predestinat aceasta călătorie a ta. Nu te teme de nimic, fii neclintit în Domnul și în puterea măreției Lui." Cuvintele lui erau așa de puternice încât frica de Dumnezeu m-a copleșit dintr-o dată. Cu admirație, respect și frică reverențială am continuat să deschid ușa și am intrat în copac.

Am pășit în interior și am închis ușa după mine. Mă aflam într-o încăpere în întuneric beznă. Am continuat să pășesc și am rugat pe Domnul să lase lumina Lui să strălucească în acel loc și să îmi lumineze cărarea. În timp ce mă rugam, un înger strălucind puternic a apărut la dreapta mea și a început să meargă alături de mine. Avea părul în valuri de culoare maronie, până la umeri și era îmbrăcat într-o robă simplă albă din același material ca satinul, ca și roba mea, cu o eșarfă aurie căzând peste umăr până la mijloc. Gloria emanată de acest înger a luminat acest loc întunecos. Când încăperea s-a luminat datorită gloriei îngerului, am văzut demoni și târâtoare întunecoase peste tot. Arătau ca niște animale de tot felul și unele erau corcituri de mai multe feluri de animale. Am constatat că se temeau nu numai de înger dar și de mine. S-au refugiat în colțurile tavanului și podelei în timp ce am trecut mai departe. Pășind înainte am văzut multe obstacole pe care va trebui să le traversăm. Urmau câteva sărituri lungi peste abisuri în podea care erau mai largi de 2 metrii și infinit de adânci, și cățărări dificile a unor ziduri de piatră de peste zece metrii. Toate acestea se aflau înaintea noastră.

În timp ce ne apropiam de primul obstacol am început să mă îngrijorez gândindu-mă la cum o să trecem mai departe. Percepându-mi gândurile, îngerul mi-a spus : 'Nu te teme, Domnul este cu tine.' Lui îi era ușor să vorbească. Era ca și când îngerul nu putea să vadă ce se afla înaintea noastră. Nu acorda nici o atenție obstacolelor și să fiu sincer, chiar dacă purta un zâmbet simțeam că se întrebă de ce sunt așa de neliniștit. Când ne-am apropiat de abisul cel larg, îngerul m-a luat de mână și într-o clipă ne-am aflat de partea cealaltă a abisului. Mi se părea că acolo nu mai era nici un obstacol! În mine a început să răsară credința și speranța, știind că Dumnezeu pregătise dinainte lucruri mari în această călătorie. Le voi vedea împlinindu-se.

Mergând mai departe cu îngerul, am ajuns la capătul încăperii în fața unui zid de piatră. În zid era o tăietură dreptunghiulară perfect tăiată în piatra groasă, care ducea în următoarea încăpere. De îndată ce am ajuns la intrare, lumina îngerului a invadat următoarea încăpere. Aceasta era foarte mare și părea de gresie. Încăperea era cam de cincizeci de terenuri de fotbal lungime (5000 de metrii) și zece terenuri de fotbal lățime (500 de metrii). Am pășit în continuare pe o platformă largă de treizeci de yarzi (27 metrii) și cam de douăzeci și cinci de picioare (8 metrii) în față. În mijlocul acestei platforme se afla o cărare care ducea direct spre mijlocul încăperii. Cărarea era lată de șase picioare (1.8 metrii) și pe ambele margini ale cărării se aflau prăpăstii fără sfârșit. Cărarea era făcută tot din gresie și avea mii și mii de trepte. Fiecare treaptă era cam de doua picioare (60 cm) în lungime și treptele urcau cu o înălțime abia perceptibilă. La capătul acestor trepte, exact în mijlocul încăperii, era un piedestal pe care se afla o sabie. Sabia era cu cinzeci de picioare (15metrii) mai sus decât platforma pe care mă aflam eu. Singurul motiv pentru care am putut să văd sabia era pentru că strălucea intens cu o lumină albă argintie. Am înțeles că această sabie a fost ascunsă aici în întuneric. Entuziasmat l-am întrebat pe înger 'Ce e acolo?'

El mi-a răspuns: 'Este sabia adevărului.' Cu multă emoție am urcat treptele ca să văd această sabie. Am văzut că era ceva scris pe sabie. Sabia avea mânerul de aur cu trei pietre prețioase. De sus în jos prima piatră era de Rubin, a doua era de Cristal și a treia de Smarald. Pietrele erau de mărimea unui dolar de argint (38mm). Garda mânerului sabiei era dreaptă și pe ea era scris 'Isus al meu, este Regele Regilor'. Când am ridicat sabia am descoperit că era foarte grea. Rezona un sunet consistent, înalt, destul de puternic pentru a fi perceput dar fără să fie deranjant urechilor. Sunetul era de fapt plăcut întregii mele ființe și mi-a adus odihnă, liniște și multă putere. Am apucat sabia și curenți de electricitate mi-au trecut prin tot corpul. Pe podea lângă mine, se afla o teacă făcută din piele simplă de culoare maro. Mi-am pus teaca la brâu și am pus sabia în teacă. Purtând sabia adevărului mi-a adus multă bucurie.

M-am uitat în sus și am văzut un alt set de trepte care duceau mai adânc decât cele pe care le urcasem deja. Coborau pe cealaltă parte a platformei și continuau dincolo de capacitatea mea de a vedea din cauza întunericului. Am realizat cu o frică sfântă și cu o îndrăzneală reverențială, că nu mai puteam ieși pe unde am intrat. Am știut că trebuie să merg mai departe și puteam simți încercări mari și necazuri înaintea mea. Simțeam pericol și întuneric dar în același timp simțeam gloria divină. În timp ce contemplam întunericul, pericolul, sabia și teaca ei, o mână de zece ori mai mare decât a mea mi-a atins spatele. Când mâna s-a apropiat am simțit nevoia să pășesc înainte. M-am uitat în jur după înger dar nu era nicăieri. Lumina emanată de Sabia Adevărului chiar și în teacă, era suficient de puternică să îmi lumineze calea. De asemenea am constatat că de când purtam sabia adevărului, lumina din mine, deși mică, începuse să strălucească un pic mai mult. Am știut că mâna din spatele meu era mâna Domnului dar am devenit foarte frustrat. Îmi era teamă de întuneric și de ce urma să întâlnesc în călătoria mea mai departe. Pe măsură ce deveneam tot mai neliniștit am realizat că asta se întâmpla pentru că lucrurile nu decurgeau așa cum voiam eu. Rapid vocea Domnului mi-a spus

'Mergi. Voi fi cu tine.'

Nu înțelegeam de ce trebuie să merg în jos pe acea cărare dar știam că trebuie să o fac. Înainte de a merge mai departe, am spus Domnului: 'Doamne sunt neliniștit. Nu înțeleg de ce trebuie să merg în jos pe această cale. Am această sabie a adevărului dar este grea și incomodă. Sunt foarte pierdut în acest loc. Îți simt prezența și gloria dar știu că orice ar fi pe această cale, nu mă place deloc. Doamne te iubesc și am încredere în Tine. Iartă-mi îndoiala și necredința și ajută-mă să îmi concentrez gândurile spre Tine. Voi merge cu această robă și această sabie și facă-se voia Ta. Îți mulțumesc pentru grația Ta. Îți mulțumesc pentru această Sabie a Adevărului și știu că vei fi slăvit prin această călătorie. Doamne descoperă-mi adâncimile înțelepciunii. Îți mulțumesc din nou Doamne și te iubesc.'

După ce m-am rugat, m-a cuprins pacea și îngerul care era cu mine a apărut din nou și mi-a spus: 'Chiar dacă nu mă vezi tot timpul să știi că eu, împreună cu mulți îngeri mult mai puternici decât mine, noi suntem cu tine. Când ai nevoie de noi vom fi acolo.'

Fiind eliberat de neliniște, m-am întors și am pășit pe cărarea care ducea în jos de cealaltă parte a platformei. Sabia emana pace și lumină, o lumină slabă emana și din mine în timp ce mergeam. În timp ce observam toate astea, unul din Spiritele de pe roba mea a devenit luminos. Era Spiritul de Revelație. În timp ce se lumina, am auzit o voce spunând: ' Joseph, în spiritul și sufletul tău e încorporată conștiința ta. Conștiința pe care ți-am dat-o are standardul ceresc ca ghid. Te va conduce spre adevăr și nu poate minți. Câțiva din oamenii mei s-au separat de conștiința lor. Conexiunea a fost întreruptă sau obstrucționată și în loc să asculte de ceea ce deja le-am dăruit, ascultă de o grămadă de alte lucruri. Uneori e vorba de filozofii, alteori doctrine ale demonilor, alteori ascultă de carnalitate și emoții nesanctificate. În timp ce îți continui călătoria, ascultă-ți conștiința. Te va conduce în direcția cea bună. Îți va spune unde ai greșit. Cere-ți iertare, iartă-te și mergi mai departe. Cu cât asculți mai atent de conștiința ta, cu atât mă vei vedea mai clar. Binecuvântați sunt cei cu inima curată. Joseph, îmi doresc oameni care să fie sinceri cu mine dar înainte de asta ei trebuie sa fie sinceri cu ei înșiși. Zâmbind, plin de bucurie am coborât pe a doua scară.

Scutul

CAPITOLUL 4

"SCUTUL"

Am coborât scările şi la capătul scărilor era o deschidere largă. Deschiderea ducea spre o lume complet nouă – pretutindeni erau copaci minunaţi. Toţi copacii erau foarte mari, robuşti puternici şi totuşi blânzi. Copacii erau stejari; era ca şi când ar fi fost vii şi zâmbeau. O mare bucurie m-a cuprins, mergând aproape de ei. În jurul copacilor era iarbă verde şi era suficient spaţiu între copaci ca fiecăruia să îi meargă din plin. Iarba era cam de 15cm înălţime. Cărarea pe care mergeam era de pământ şi cotea la dreapta lăsând copacii la stânga mea. La dreapta mea se afla un abis adânc; era cam de cinci zeci de picioare lăţime şi se întindea cât vedeai cu ochii. Acest abis era un loc blestemat plin de întuneric şi disperare.

Am continuat să merg şi am văzut un copac care se întindea peste abis şi părea pus acolo în mod deliberat. Uitându-mă înapoi printre copaci nu mi-am putut da seama de unde am venit şi părea că singura cale înainte era trecerea abisului peste acel copac. Mergând spre copac am simţit un puternic impuls să trec peste acel abis cu orice preţ. Era conştiinţa mea conducându-mă, şi acel impuls a trecut la fel de repede cum a venit.

O ceaţă grea a venit din vest, era aşa de groasă încât nu puteai vedea la doi metrii în faţă. M-am apropiat de copacul care se întindea peste abis şi am văzut un om care stătea înaintea copacului. Era cam de un metru şaizeci înălţime, de o înfăţişare neatrăgătoare dar părea un om bun. Mi-a spus: 'Joseph, însuşi Domnul m-a trimis să îţi spun că nu poţi să treci acest abis peste copac. Toţi cei care au încercat să treacă abisul au eşuat şi au murit. Este un rău foarte mare în acest abis, deja îl simţi, şi tu eşti prea important pentru Dumnezeu ca să faci această greşeală. Trebuie să stai acolo unde eşti şi dacă nu încerci să treci mai departe, Domnul îţi va deschide o altă cale în timp ce tu stai.

Părea de treabă și bine intenționat și chiar Domnul îl trimisese pentru mine. Am decis să mă depărtez de copac și am stat jos pe pământ pentru o vreme. Pământul era umed și rece de la ceață. Mi se părea că e bine să aștept să se ridice ceața. Când m-am așezat, am realizat cât de mult m-a obosit această călătorie și m-am bucurat să mă odihnesc. După ce am stat cam o oră, ceața a devenit și mai groasă, de nu iți mai vedeai mâna în față. Am decis că am făcut bine neîncercând să trec, căci Domnul are o cale mai bună. După vreo trei ore am început să meditez asupra întâmplărilor din acea zi. Mi-am amintit de înger și de sabia adevărului care îmi era alături - acelea au fost momente grozave în Domnul. Am știut că mi le voi aminti întotdeauna. Mi-am amintit ce mi-a spus vocea Domnului despre conștiința mea, cum mă va conduce spre adevăr. Brusc acel sentiment că trebuie să trec peste abis a revenit. Am ascultat o minciună? Am analizat ce trebuie să fac mai departe și m-am ridicat. Imediat ce m-am ridicat, a apărut din nou acel înger care îmi era alături mai devreme. Când a apărut îngerul, ceața din jur a doi metrii a început sa se împrăștie. Îngerul mi-a spus: ' Joseph de ce te îndoiești?'

I-am răspuns, 'Nu știu ce vrei să spui, nu mă îndoiesc.' Mi-a răspuns pe un ton dezgustat 'Ce ți-a spus vocea Duhului Sfânt să faci?'

Am răspuns: 'Mi-a spus să îmi ascult conștiința.'

'Păi fă-o!' a spus îngerul.

'Dar este un mesager la copac care mi-a spus să aștept', am pledat eu.

Îngerul a oftat și mi-a spus: 'Îți amintești sabia adevărului pe care ai luat-o? Scoate-o din teacă și uite-te la ea.' Am scos sabia din teacă dar nu mai strălucea ca înainte.

Îngerul a spus: 'Nu poți să îi vezi strălucirea așa ca înainte pentru că ai fost orbit adevărului și ai crezut o minciună. Îndreaptă sabia spre acel mesager.' După ce a vorbit, îngerul a dispărut. Când m-am întors și am început să merg spre copac, ceața a început să se ridice și același impuls inițial a revenit. De această dată vocea conștiinței mele era foarte puternică și mi-a spus: 'Treci peste abis!'

În timp ce vocea conștiinței îmi vorbea, Spiritul Cunoașterii scris pe roba mea a devenit luminos cu o lumină strălucitoare și Duhul Sfânt mi-a spus: ' Joseph, acela e un mesager al Satanei. Îndreaptă sabia spre el și o să îi vezi adevărata înfățișare. Când îl vei vedea așa cum este, cu autoritatea pe care ți-am dat-o, comandă-i să plece de acolo ca să poți trece abisul.

M-am apropiat de mesager și el s-a ridicat nervos; cu un ton gutural mi-a spus: 'Unde crezi că mergi!? Tu ce îți imaginezi, nu poți trece acest abis, și eu pot să te împiedic să o faci.'

În timp ce mesagerul vorbea, am îndreptat Sabia Adevărului spre el, acum strălucind cu o lumină și mai puternică decât înainte, și am spus: ' Tu demon rău, Dumnezeu însuși a declarat că trebuie să trec. Îți poruncesc să te miști de aici.' Când mi-am îndreptat sabia spre el și am început să vorbesc, corpul lui a început să își schimbe forma. Dintr-un om neatrăgător s-a stafidit în ceva ce nu era un om. Spatele i s-a încovoiat, pielea i s-a uscat, și puținul păr pe care îl avea a devenit țepos și grotesc. S-a încovoiat până a stat în patru picioare deformate ca o hienă. Apoi a dispărut. Era acolo într-un moment și a dispărut brusc. După aceasta roba mea nu mai strălucea dar sabia nu s-a schimbat. Sabia încă lumina strălucitor alb-argintiu, vibrând ca înainte. Am decis că e bine să o țin afară din teacă de acum înainte.

În timp ce treceam peste abis un miros urât de moarte mi-a ajuns la nări. Era prea urât ca să poată fi descris. Un fior rece m-a trecut în timp ce eram deasupra abisului. Era ca şi când acel abis ducea direct în Sheol (infern) dar nu aveam de gând să stau în acel loc să aflu. Când am ajuns de partea cealaltă am constatat că acolo mă aşteptau patru îngeri. Stăteau în linie dreaptă unul lângă altul, umăr la umăr. Începând din stânga, primul înger era de doi metrii înălţime, avea părul lung până la umeri şi purta o robă albă similară cu a mea dar nu avea pe ea gravate cele şapte spirite ale lui Dumnezeu. Al doilea înger de la stânga avea în mână un vas rotund şi purta o robă roşie. Părul lui era maro deschis tuns scurt tipic unui bărbat. Cel de-al treilea înger, părea cel mai puternic, purta o robă albastră strălucitoare. Roba lui radia mai multă lumină decât a celorlalţi trei. Ochii lui erau feroce de un albastru pătrunzător. Era evident că tot ce venea în obiectivul lui, putea fi pătruns cu vederea. Părea să observe totul îndeaproape. Al patrulea înger era cel care fusese cu mine până acum şi în prezenţa celorlalţi părea cel mai mic.

Cel mai mare din ei s-a uitat la mine, 'Domnule, în faţa ta se află perle imense de înţelepciune şi multe comori. Te-am apărat împotriva unor lucruri despre care nu e prudent să ştii încă. Te iubim atât de mult şi suntem bucuroşi să îţi fim alături în această călătorie. Ai ales bine când ai decis să nu îţi pui sabia în teacă. Vei găsi multă înţelepciune în sabie şi în ceea ce este scris pe ea. Continuă-ţi călătoria. Noi trebuie să plecăm acum dar ai un mesaj de la Căpitanul Armatelor.'

Brusc din spatele acestui înger măreţ, a apărut un alt înger mai mic plin de glorie, a păşit prin îngerul mai mare şi a spus: ' PACE ŢIE!' Când a vorbit, toţi îngerii şi-au scos săbiile şi tot locul s-a umplut de lumină. În acelaşi timp îngerul care avea vasul în mână, a aruncat apa din vas direct spre mine udându-mă bine. Trupul meu s-a umplut de pace şi de frică divină încât mi-am lovit genunchii unul de altul apoi am picat la pământ ca mort. Spiritul Cunoaşterii şi Spiritul Fricii de Dumnezeu scrise pe roba mea s-au luminat și aprins în glorie și l-am rugat pe Domnul să le oprească. Era mai multă lumină decât puteam eu suporta. Îngerii au dispărut și am stat întins acolo pentru o vreme, mi s-a părut că au trecut zile întregi, acoperit de pace și de Spiritul Fricii de Domnul, complet imobilizat.

M-am ridicat să îmi continui călătoria și era ca și cum un văl a fost depărtat de pe ochii mei. Acum puteam vedea ambele margini ale abisului și copacii de pe ambele părți păreau și mai frumoși. Iarba părea de un verde mai intens, mai bogată în culoare, cum n-am văzut-o niciodată până acum. Erau culori și detalii în jurul meu pe care nu le văzusem până acum. Acesta era într-adevăr un loc maiestuos, și cu pacea pe care o simțeam era mult mai ușor să mă bucur de această călătorie. Am început să îmi contemplu prostia și cât de mare este grația lui Dumnezeu să mă ajute în situația cu hiena. Aveam nevoie să mă rog, 'Doamne, ÎȚI MULȚUMESC AȘA DE MULT. M-am îngrijorat pentru o clipă dar Tu ești atât de MINUNAT. Îmi pare rău că m-am îngrijorat și m-am îndoit. Nu o să o mai fac. Îți mulțumesc așa de mult pentru această pace și grație. Te iubesc.'

Am continuat să merg în jos pe cărare și am văzut în depărtare un cufăr imens, pus pe pământ între doi copaci maiestuoși. Cufărul era din aur masiv cu pietre prețioase verzi, roșii și albastre. Pietrele erau mari, aproape cât palma mea. Părea un cufăr de comori și avea pe el detalii complicate. M-am apropiat de cufăr și m-am uitat la acele detalii îndeaproape. M-am văzut pe mine însumi pe cufăr. Gravate pe exteriorul cufărului erau două scene în care m-am aflat mai devreme. Prima imagine era gravată pe partea stângă a cufărului. Era o gravură a mea ridicând sabia adevărului. Gravura în sine conținea venerație și minune. În spatele meu era gravat un înger stând în picioare.

Nu l-am putut vedea atunci când mă uitam la sabie. Îngerul se uita în cer și fața lui strălucea.

Cea de-a doua imagine, pe partea dreaptă a cufărului era o pictură cu mine poruncind mesagerului satanic să se dea la o parte din calea mea. Imaginea era gravată în așa fel încât privea spre mine din față și se vedea ce era în spatele meu. În spatele meu se vedeau patru îngeri puternici, cei care m-au întâmpinat pe cealaltă parte a abisului. Și ei aveau săbiile îndreptate spre acel mesager. Nu am știut că erau acolo, ei emanau foarte multă putere. Lumina manifestată prin ei și săbiile lor era aceiași cu cea pe care am văzut-o mai târziu de cealaltă parte a abisului. Nu am fost conștient de prezența lor și nu am perceput lumina lor în acel moment.

După ce am fost copleșit de o frică sfântă și curiozitate, tremurând ușor din cauza celor văzute, am continuat să deschid acel cufăr să văd ce e în el. Când am privit în cufăr am văzut un scut de un aspect simplu. Scutul părea vechi, solid, de neclintit. Era făcut din aur armat și părea foarte greu. Era făcut în așa fel încât putea fi purtat în mână sau pe spate. Forma scutului îmi aducea aminte de o stemă. De-a lungul scutului era scris 'El e credincios'. Spre surprinderea mea, când am ridicat scutul din cufăr, era foarte ușor. După ce am scos scutul și am închis cufărul, am devenit conștient că sunt privit. De cine sau de ce eram privit, nu am știut în acel moment.

Am închis cufărul, L-am lăudat pe Dumnezeu pentru ce mi-a dăruit, și am pornit mai departe cu sabia adevărului în mână și scutul pe spate. După ce am trecut de acel cufăr am început să văd mult mai bine instantaneu, de o claritate deosebită. Am început să admir iarba din nou, cât de fină și groasă creștea. Părea un covor foarte fin și aveam senzația că mă împinge înainte în timp ce mergeam. Aerul părea mai respirabil și oboseala călătoriei părea să dispară în timp ce respiram acest aer nou. Aerul era mai ușor și puteam percepe o briză ușoară. Copacii păreau mai înalți și percepeam un sentiment mai puternic de înțelepciune a mea și a copacilor.

În mijlocul frumuseții aveam un sentiment straniu că sunt privit de ceva rău. Se apropia. Nu știam ce e, dar puteam să simt răul în spatele meu și de fiecare parte a mea. Cu toate acestea am continuat înainte. În depărtare am văzut copacii îndesindu-se și am perceput o prezență întunecată în jurul lor. Era foarte rea. Totuși în fața copacilor am văzut o armată de îngeri frumoși. În timp ce mă apropiam, am văzut că erau aprinși de o lumină radiantă. Era acea armată pe care am mai întâlnit-o cu alți îngeri. Am înțeles că lumina pe care o manifestau era mai strălucitoare pentru că mi s-au deschis ochii puțin mai mult. Unul dintre îngeri mi-a vorbit: ,Am fost trimiși să te păzim și să luptăm alături de tine. De o vreme ești urmărit de frică și îndoială. Te așteaptă multe, multe încercări. Dușmanul așteaptă momentul potrivit să te atace. Va fi o ambuscadă în fața noastră. Trebuie să mergi înainte, să nu te oprești, nu există o cale ușoară de ieșire. De fapt sunt multe căi de intrare dar doar o ieșire. Fii puternic și curajos căci noi toți îi slujim Dumnezeului armatelor. Să nu vorbești până când ți se spune că poți vorbi, scutul pe care îl porți are mare putere să te protejeze. Sabia Domnului este adevărul; folosește-o cu putere și curaj. În această parte a călătoriei tale vei vedea credința. Acum, înainte de a intra în pădure trebuie să te rogi și să aștepți pe Domnul. El are niște instrucțiuni pentru tine, dar trebuie să înveți să îți păstrezi liniștea interioară.'

După ce au terminat de vorbit, îngerii au dispărut. Acum stăteam în fața acestei păduri amenințătoare așteptându-L pe Domnul și rugându-mă. Nu mi se părea greu să mă rog dar nu puteam să îmi amintesc dacă vreodată a trebuit să stau să Îl aștept pe Domnul. Am crezut tot timpul că El e cel care ne așteaptă pe noi. Cum să Îl aștept? Mi s-a părut că am contemplat ore întregi, ce înseamnă să Îl aștepți pe Dumnezeul întregului univers, și am devenit foarte frustrat și confuz. Tot timpul am fost învățat că El e cel ce mă așteaptă. În plus, stând acolo gândindu-mă la toate astea părea o pierdere de vreme și pentru mine și pentru El.

Extenuat și frustrat m-am așezat să mă rog și să aștept pe Domnul, chiar dacă nu înțelegeam ce înseamnă asta. În timp ce stăteam acolo, am realizat că eram prea confuz și frustrat ca să mă pot ruga. Acesta era un început. Mi-am dat seama că primul lucru pe care trebuie să îl fac este să îmi cer iertare pentru frustrare și confuzie ca să pot auzi, asculta și să mă pot ruga. O briză ușoară a bătut dinspre Est, peste această revelație. Briza era plăcută și liniștitoare ca atingerea unei mame pe fruntea copilașului ei. Imediat am putut să îmi eliberez mintea de orice gând care îmi distrăgea atenția de la Dumnezeu. Imediat ce cuvintele mi-au ieșit pe gură, vocea Duhului Sfânt mi-a spus pe un ton atât de frumos și de liniștitor , Fii pe pace!'. Cu aceste cuvinte simple toate sentimentele negative pe care le simțeam m-au părăsit așa cum cad frunzele veștjite toamna dintr-un stejar. În acel moment am înțeles ce spuneau preoții în Vechiul Testament: , Domnul este bun și mila Lui ține în veci'. Pacea pe care mi-a adus-o Domnul era o extensie a grației, milei și bunătății Lui. Când m-am închinat cu admirație, cuvintele au început să izvorască din mine: , O Tată cât te iubesc! Te iubesc, Te iubesc, Te iubesc. Iubirea Ta Doamne e mai adâncă decât orice ocean, mai înaltă decât orice munte și mai puternică decât orice fortăreață. E delicată ca un porumbel. Maiestatea Ta e glorioasă și numele Tău este sfânt. Mulțumesc.'

După ce m-am rugat multe ore așa, m-a cuprins o liniște profundă a minții, a voinței și emoțiilor. Eram mulțumit să stau în liniște și să mă bucur de prezența Lui Dumnezeu. Nu exista altă dorință mai importantă în acel moment decât să stau în liniște în prezența lui Dumnezeu. În acest timp prezența Lui a devenit din ce în ce mai puternică. Lacrimi au început să îmi curgă din ochi, ca o cascadă datorită bunătății Lui și prezenței Lui; era o experiență pe care nu am mai trăit-o până atunci. Toată ființa mea era în liniște, odihnă și pace înaintea prezenței Celui Atotputernic, mulțumit să nu fac nimic ci doar să fiu cu El. Atunci am înțeles că îl așteptam pe Dumnezeu și El era mulțumit de mine.

În timp ce plângeam în prezența Lui, am simțit că cineva se apropie de mine. Auzeam pași foarte ușori din ce în ce mai aproape. Nu eram sigur dacă ar fi trebuit să îmi ridic privirea, dar cât voi trăi nu voi regreta că m-am uitat să văd. O liniște adâncă m-a învăluit și când mi-am ridicat privirea L-am văzut. Îmbrăcat în lumină, iubire și slavă, Domnul Isus Hristos stătea înaintea mea. Stând în picioare, cam de 1.8 m înălțime, îmbujorat, cu pielea bronzată, cu ochi albaștrii adânci, mi-a zâmbit cum numai un Salvator poate zâmbi. Inima îmi bătea atât de repede încât simțeam că îmi va părăsi trupul. S-a uitat la mine cu multă tandrețe și compasiune dar și cu infinită determinare. "Joseph, prieten drag, sunt mulțumit. Vei reuși să ajungi de partea cealaltă a pădurii și voi merge cu tine."

În timp ce Isus vorbea, am avut o viziune și m-am văzut ieșind în cealaltă parte a pădurii. Eram uluit. Isus tocmai m-a numit prietenul Său. Acela în care mi se odihnesc toate plăcerile, m-a numit prietenul Său. M-am simțit infinit de mic și de nevrednic. Cine sunt eu ca să fiu chemat prieten al lui Isus? Chiar în urmă cu câteva ore eram frustrat, confuz, departe de prezența Lui; acum El mă numește prietenul Său?

Știindu-mi gândurile mi-a spus: "Joseph îți cunosc motivele inimii și îți cunosc dorințele inimii. Inima mă interesează. Ți-ai găsit plăcerea în Tatăl nostru și acum El îți dăruiește dorințele inimii, și "prieten al lui Dumnezeu" este scris pe inima ta. Ai fost ascultător și ai început să răspunzi nevoilor Mele. Te iubesc și trebuie să înțelegi că vreau să fiu în prezența ta mai mult decât vrei tu sa fi în prezența Mea."

Cuvintele Lui au fost rostite cu o iubire copleşitoare. Acum aveam o înţelegere mult mai profundă a întregului Psalm 139. Isus m-a privit "Acum odihneşte-te, călătoria care urmează este lungă şi va fi foarte grea uneori. Trebuie să îţi arăt câteva lucruri înainte de a intra în pădure dar acum fi pe pace şi odihneşte-te." Mulţumit că nu aveam nimic de făcut, m-am întins pe jos şi am adormit.

În dimineaţa următoare m-am trezit mai uşor decât de obicei. Eram odihnit şi aşteptam lucruri minunate de la Dumnezeu. Am înţeles că mi se vor descoperi secrete care erau importante. M-am trezit şi am început să îi mulţumesc Tatălui pentru planurile Lui minunate.

În timp ce Îi mulţumeam am observat că Spiritul Înţelepciunii şi Spiritul Înţelegerii care erau gravate pe roba mea, luminau strălucitor. Uitându-mă în sus de pe roba mea L-am văzut pe Isus păşind spre mine. Avea un zâmbet larg. Mi-a spus " Se deschid ochii tăi spirituali, de aceea mă poţi vedea. Prin Spiritul Înţelepciunii şi Spiritul Înţelegerii lucrând împreună poţi să Mă vezi aşa cum sunt."

A continuat: "Avem o zi plină azi Joseph şi vreau să îţi arăt câteva lucruri interesante. Drumul care te aşteaptă este lung şi greu, ceea ce îţi voi arăta te va purta prin acele momente grele."

Apoi a întins mâna şi mi-a zis "Vin-o cu mine." Când i-am apucat mâna, am fost instantaneu într-un alt loc. Părea o dimensiune cerească dar eram undeva în spaţiu. Nu mai fusesem în acel loc. Am văzut un om înconjurat de flăcări, cu ochi arzători şi păr lung alb. Isus stătea lângă o uşă. Acel om nu era o flacără ci flăcări ieşeau din el şi îl înconjurau în aşa fel încât tot ce puteam vedea erau câteva trăsături şi focul lui Dumnezeu. Uşa era larg deschisă. L-am întrebat pe Isus despre uşă şi mi-a spus "Aceasta este uşa spre lucrarea puterii mele şi omul în flăcări eşti tu." În timp ce vorbea, Efeseni 3: 7-12 mi-a trecut repede prin minte şi am înţeles.

"...al cărei slujitor am fost făcut eu, după darul harului lui Dumnezeu, dat mie prin lucrarea puterii Lui. Da, mie, care sunt cel mai neînsemnat dintre toți sfinții, mi-a fost dat harul acesta să vestesc neamurilor bogățiile nepătrunse ale lui Hristos și să pun în lumină înaintea tuturor, care este isprăvnicia acestei taine ascunse din veacuri în Dumnezeu, care a făcut toate lucrurile, pentru ca domniile și stăpânirile din locurile cerești să cunoască azi, prin Biserică, înțelepciunea nespus de felurită a lui Dumnezeu, după planul veșnic pe care l-a făcut în Hristos Isus, Domnul nostru. În El avem, prin credința în El, slobozenia și apropierea de Dumnezeu cu încredere."

Apoi L-am întrebat pe Isus ce trebuie să fac ca să pot intra prin acea ușă. Mi-a spus, "Hai intră!" Când vorbea mi-am dat seama că pentru a intra cu El într-un loc unde puterea și prezența Lui efectiv cresc în viața noastră, e nevoie de trei lucruri: grație (har divin), credință și curaj. Știam că nu pot intra prin credință atâta timp cât conștiința mă condamnă, și dacă conștiința mă condamnă (sau cred că mă condamnă) atunci sigur nu puteam avea încredere în El. Mai știam că Grația lucrează prin Credință și Credința lucrează prin Iubire. Înțelegerea a început să mă inunde ca un râu. Am văzut scopul lucrării efective a puterii Lui. Era să îi facă pe toți oamenii să VADĂ asocierea cu misterele divine și să descopere înțelepciunea nemăsurată a lui Dumnezeu. Am mai înțeles că există un mister al umblării cu Dumnezeu, ascuns în Isus Hristos de la începutul timpului, și acest mister se așteaptă descoperit de noi, întâlnit de noi și trăit de noi. Brusc am simțit cum mă copleșește umilința. Am înțeles că Isus tocmai mi-a spus că relația mea cu Dumnezeu poate ajunge într-un loc de continuă creștere efectivă plină de întâlniri divine. În afirmația Lui "Hai intră" era cuprins tot de ce aveam nevoie ca să pășesc prin acea ușă și mi-a fost împărtășit prin Cuvântul Lui (Rhema) inclusiv substanța credinței, revelația Iubirii, și Grația de a desluși toate astea. EL ESTE credincios. M-am închinat ca să Îl slăvesc și în acel moment am observat pe fața Sa o expresie foarte serioasă, intransigentă, iubitoare, de Rege al Regilor.

A spus: "Acum că ai intrat pe această ușă trebuie să fi foarte atent. Ți-am încredințat foarte mult. Cuvintele și gândurile tale vor căra din ce în ce mai multă putere și autoritate în timp ce începi să îți asumi responsabilitatea pentru lucruri de această parte a ușii. În decursul călătoriei tale vei observa gândurile și cuvintele tale manifestându-se înaintea ta din ce în ce mai rapid. Fixează-ți atenția asupra lucrurilor cerești și fă ceea ce spui". După aceea viziunea s-a stins și mă aflam la marginea pădurii uitându-mă adânc în ochii Salvatorului meu. O liniște de nedescris m-a cuprins în timp ce Isus se uita în ochii mei. Privind în ochii Lui, am realizat că mă așteaptă mari sarcini și responsabilități, dar sunt trei lucruri importante în viață, care mă vor ajuta în umblarea mea cu Dumnezeu: să aud vocea lui Dumnezeu, să mă supun vocii lui Dumnezeu și să mă bucur în prezența lui Dumnezeu.

La scurt timp după ce am primit revelația iubirii, supunerii și rămânerii în Isus, m-am ridicat. Niște păsări ciripeau înaintea mea și soarele de amiază încălzea atmosfera. Isus era încă în fața mea și în spatele meu era întunericul amenințător al pădurii. Isus m-a privit și mi-a spus: "Am pregătit ceva pentru sfinții mei. Vreau să îți arăt ce am pregătit și să le spui despre asta". Cu o mișcare a mâinii mi-a făcut semn să mă apropii de El. Când m-am apropiat mi-a spus să mă uit în ochii Lui din nou. Când m-am uitat imediat ne-am aflat în alt loc. Ne aflam la baza unei mici cascade care curgea cu blândețe. Stăteam pe niște pietre privind către o câmpie largă. Știam că acest râu era conectat la râul vieții care curge din tronul lui Dumnezeu. Cerul și norii erau plini de slava Lui. În stânga mea se afla un portal în cer, prin care am ajuns în acel loc. Era plin de slavă divină și înconjurat de îngeri puternici înlănțuiți braț la braț. Nimic nealiniat la voia lui Dumnezeu nu putea trece prin acel portal. După ce am văzut unde ne aflam, m-am uitat iar la Isus, mi-a spus: "Întinde-te pe aceste pietre".

Când m-am întins, am realizat că nu erau pietre obişnuite. Aceste pietre erau ca cel mai confortabil pat în care am fost vreodată. Am fost copleşit de uimire pentru că nu îmi imaginasem asta niciodată. M-am uitat în sus la Isus şi a spus: "E bine, aşa-i?"

Apoi a continuat: "Acesta este Locul Umbrit de Pacea Mea. Este un loc unde pot veni toţi cei chemaţi pe Numele Meu. Este un loc de pace, linişte pe care mintea nu poate să îl înţeleagă dar inima poate să îl perceapă. Este un loc rezervat acelora pe care îi iubesc. Cât de curând mulţi vor veni şi vor intra în acest loc şi se vor bucura de pacea Mea. Este nevoie să împlineşti tot ce eşti chemat sa faci. Este un loc secret şi poţi veni aici oricând, de câte ori vrei. Acum vin-o, trebuie să îţi arăt ceva."

Ne-am îndreptat spre cascadă, aceasta s-a despărţit în două şi a descoperit un culoar în spatele ei. Era o intrare arcuită şi după ce am trecut prin ea puteam să văd treptele până sus. În dreptul intrării arcuite pe jos era scris în piatră un cuvânt. Cuvântul era Perfecţiune. Toate scările până sus aveau scrise pe ele cuvinte, fiecare scară având aspectul cuvântului inscripţionat. Erau treisprezece trepte în total. În ordine de jos în sus pe fiecare treaptă se putea citi: Căinţă, Credinţă, Botezuri, Vindecare prin punerea mâinilor, Învierea morţilor, Judecata eternă, Spiritul Domnului, Spiritul Înţelepciunii, Spiritul Priceperii, Spiritul Sfătuitor, Spiritul Puterii, Spiritul Cunoaşterii şi ultima treaptă era Spiritul Fricii de Dumnezeu.

Când am ajuns în vârful scării, m-am întors şi am văzut că în partea de sus a intrării arcuite era scris cuvântul "Iubire". Aceasta era scara Iubirii. Uitându-mă în jur din vârful scării, am realizat că mă aflam pe un munte înalt. Acest munte era deasupra întregii creaţii, cerurilor, pământului şi sub pământului. Nu era numai deasupra întregii creații, a cerurilor și pământului, ci și deasupra timpului. Erau mulți alți munți în jur dar erau sub acesta. Am fost cuprins de bucurie în timp ce înțelegeam toate acestea. Am început să îi mulțumesc Tatălui pentru bunătatea Lui. În timp ce făceam asta, Isus mi-a spus "Joseph din acest loc poți vedea în toate direcțiile. Nu va fi nimic ascuns vederii tale în cer sau pe pământ. Din acest loc, oamenii mei vor face declarații care vor zgudui pământul. Acesta este locul autorității, rezervat de mine pentru voi. Este de asemenea un loc secret al prezenței Mele. Acesta este locul autorității unde a stat Adam și pe care l-am destinat unei generații. Oamenii care ajung aici au fost desăvârșiți prin iubirea mea și voi putea să le încredințez toată puterea și toată autoritatea. Vor fi cunoscuți ca și Fii ai Împărăției. Vor fi unși cu un destin și un scop așa cum au văzut profeții mei din timpurile străvechi. Acum Joseph, vreau să te uiți de aici și să vezi ceva."

Cât timp a vorbit Isus, nu m-am uitat în jur. Mă uitam la El, în timp ce El privea dincolo de munte. M-am întors spre ceruri și pământ și am realizat că vedeam ceva ce s-a întâmplat cu foarte mult timp în urmă. În mod ciudat tot ce vedeam mi se părea foarte familiar. L-am văzut pe Isus cu stele în mână. Am văzut cum au fost formate să Îl slăvească. Dintr-o singură mișcare le-a aruncat în univers și am văzut cum fiecare constelație și fiecare stea Îi slăvește gloria și cum fiecare avea o poziție specifică și era pusă cu mare grijă. După asta am auzit un strigăt puternic și am văzut o multitudine de oameni la marginea cerului strigând spre slava lui Dumnezeu. Acești oameni erau plini de Slava (gloria) lui Dumnezeu și erau de o frumusețe incomparabilă. Strigătul lor era așa de puternic încât a zguduit cerurile și pământul. Isus s-a întors spre mine și mi-a spus: "Pare familiar pentru că tu erai acolo. În acel loc erai cu Fii lui Dumnezeu și ai strigat spre slava lui Dumnezeu pentru ce a făcut. Te-am cunoscut chiar înainte de a te afla în pântecul mamei tale și în acel loc ai fost uns cu un destin, și o mărturie a fost dată despre destinul vieții tale. Tu trebuie să îți amintești. Ai fost uns cu putere și glorie și îmbrăcat în măreție. Ai un scop, un destin și o mărturie. Prima dată trebuie să înțelegi de unde vii, cine sunt Eu în tine, cine ești tu în Mine și de ce ai fost creat, înainte de a putea înțelege unde mergi, planurile, scopurile Mele și destinul vieții tale. Toate aceste lucruri sunt scrise pe pergamentul inimii tale.

El stătea înapoia umărului meu indicând prin dreptul feței mele și arătându-mi toate acestea în timp ce le vedeam întâmplându-se. M-am întors mut spre Isus dorind să procesez toate acestea în mintea mea, dar El s-a întors și am coborât împreună scările. Am coborât în continuare în josul râului și am șezut pe acele pietre din nou. Uitându-mă la Isus, L-am întrebat cum să îi sfătuiesc pe oameni să ajungă în acel Loc Umbrit de Pacea Lui. Expresia feței Lui după ce am întrebat asta, nu era o expresie la care mă așteptam. M-a luat prin surprindere. Cel mai bun mod de a descrie expresia Lui era un fel iubitor de: "ar trebui să știi asta deja dar îți voi spune oricum" . A spus " Joseph Împărăția lui Dumnezeu este Dreptate (Neprihănire) , Pace și Bucurie. Odată ce oamenii mei încep să înțeleagă cum îi văd eu și încep să înțeleagă cine sunt Eu în ei, cât și dorința și iubirea mea pentru ei, vor putea intra în Umbra Păcii Mele." Cu aceasta viziunea a dispărut și ne aflam din nou lângă pădure. Domnul s-a uitat la mine cu un aer de urgență spunând: " Este momentul să plecăm acum.'

CAPITOLUL 5

"PĂDUREA"

Un cer senin și strălucitor de după amiază era deasupra noastră când am intrat în pădure. Intrarea arăta ca intrarea unei grote dar era formată din copaci; erau și alte intrări în pădure la ceva depărtare. Cărarea pe care mergeam era foarte largă, cam de 9 metrii, și era cam de 5 metrii înălțime. Partea de sus a intrării era acoperită de mușchi care crescuse de la un copac la altul și mirosea a câine ud. În pădure era un întuneric solemn și singura lumină venea de afară.

Drumul pe care mergeam s-a divizat în cinci cărări și fiecare avea scris pe ea un nume diferit. Cărarea din fața mea se numea "suferință", cele două cărări din dreapta se numeau "rușine" și "respingere". Cele două cărări din stânga erau etichetate "poftă" și "mândrie". Am observat că toate aceste cărări erau interconectate și toate acestea duc in final spre ieșirea din pădure.

Isus s-a uitat la mine, "Nu mă vei vedea tot timpul când ești aici, dar să știi că sunt cu tine. Eu deja ți-am dat biruința asupra acestor lucruri dar trebuie să înțelegi ceva. Nu poți fi înțelept fără a avea înțelegere și trebuie să înțelegi toate aceste cărări. Cărarea suferinței e cea mai grea și cea mai lungă dar e cea pe care Eu am ales-o (Evrei 5:8). E cărarea care am ales-o pentru tine." După ce a spus asta, Isus a dispărut și am rămas în liniște în fața unei cărări de parcurs.

Primul gând a fost să o iau pe cea mai scurtă cărare dar inima îmi spunea că nu e posibil sa fac asta. Am început să analizez toate cărările; am înțeles că dacă voi merge pe cărarea suferinței voi recupera părți din mine. În plus, mergând pe cărarea suferinței mă voi confrunta direct cu toate celelalte cărări. Am știut instantaneu că eram incomplet și mergând pe aceste cărări voi recupera părți din mine și Domnul va folosi acest timp pentru a vindeca anumite răni sufletești de care eram foarte conștient. În plus, știam că erau părți ale inimii mele de care nu eram conștient și acelea mă deranjau mai mult decât cele pe care le identificasem. Am știut și înțeles că vindecarea anumitor părți ale inimii ar aduce intimitate cu Dumnezeu și o revelație divină pe care acum nu puteam să o înțeleg sau primesc.

Cărarea suferinței era foarte lungă. Un întuneric adânc acoperea totul împrejur dar drumul pe care mergeam era luminat. Marginea era argintie și drumul era curat. Drumul mergea în zigzag și uneori părea că merge în cercuri. Când simțeam că merg în cercuri, mă opream și mă rugam să primesc claritate și atunci Domnul mă ajuta tot timpul corectându-mi cursul. După un timp de mers în cercuri, Duhul Sfânt a clarificat: "Viteza cu care vei avansa depinde de cât de repede te vei schimba. Dacă mergi pe această cale fără să te schimbi vei merge în cercuri pentru totdeauna. Când realizezi că mergi în cercuri oprește-te și întreabă-mă ce trebuie schimbat în interiorul tău. Nu te plânge pe drum pentru că duce la împlinirea destinului tău și e un drum sigur. Voi folosi persecuția pentru a te purifica în iubire, pentru a deveni desăvârșit și a elimina acei idoli din inima ta de care nu ești conștient. Această cale a fost aleasă pentru tine și e perfectă." Duhul Sfânt a continuat să îmi dezvăluie detalii despre obstacolele peste care trebuie să trec, fiind nevoie să mă schimb, și în curând am început din nou să avansez. Drumul circular a devenit drept.

Am văzut la distanță un luminiș unde am intuit că mă pot odihni. Aveam senzația că mersesem zile întregi și eram foarte obosit și slăbit. M-am oprit în mijlocul luminișului. Puteam vedea clar dar întunericul continua să mă înconjoare. M-am așezat să mă odihnesc și cu un oftat adânc m-am prăbușit pe spate. Atunci am auzit pași apropiindu-se de mine și am auzit două sunete distincte. Unul din sunete era un zumzet care poate fi auzit într-o zi senină de primăvară. Celălalt zumzet era gros, suna ca hornul unui gigant monstru din lumea veche a unei cărți de ficțiune. Curios, m-am uitat și am văzut o femeie frumoasă pășind spre mine. O vedeam apropiindu-se și privea pe furiș printre ramurile copacilor. S-a oprit la câțiva metrii de mine și a început să mă amenințe. "Am fost trimisă să te opresc cu orice preț. Dacă încerci să pleci de aici mai departe, eu și prietenii mei te vom ucide. Te vei întoarce pe una din celelalte cărări sau mi te vei închina și vei fi servitorul meu. Te voi face rege; te voi duce în împărăția mea și în camerele mele."

Un miros de carne arsă și sulf a umplut atmosfera. Această femeie era cea mai frumoasă femeie pe care o văzusem vreodată dar frecvența sunetelor ei crea confuzie. Vocea ei producea amețeli ca un vertij. Mirosul urât combinat cu sunetele emise erau prea mult pentru mine. Când a vorbit se părea că smoală neagră îi iese pe gură și îmi acoperă privirea, orbindu-mă. A vorbit din nou și mi-a amintit de toate greșelile mele din trecut. A povestit cum am mers pe alte cărări și am eșuat din nou și din nou. A continuat să îmi spună cum voi merge pe acele cărări greșite din nou. Totul părea fără speranță.

După ce mi-a spus toate aceste rele, a zâmbit și apoi a început să râdă. Toți lingușitorii ei dintre copaci au țipat un sunet de victorie. Stăteam acolo cu ochii acoperiți de smoală, înconjurat de negativitate și rău când am auzit o voce în spatele meu. Vocea a murmurat un singur cuvânt: "Neprihănit". Auzind acest cuvânt mi-am pus mâinile pe cap și mi-am spus minții să înceteze cu gândurile negative și confuze, și le-am poruncit în șoaptă să zboare din mintea mea. Punând mâinile peste mine, mi-am amintit de Locul Umbrit de Pace și de Lucrul Efectiv al Puterii lui Dumnezeu; apoi pacea lui Dumnezeu m-a inundat.

Duhul Sfânt mi-a spus, "Poruncește ca pacea lăsată de tine acolo unde nu trebuia și pacea pe care nu ai folosit-o, să se întoarcă la tine." Plin de îndrăzneală am poruncit păcii să se întoarcă și am fost pătruns de o lumină puternică și femeia împreună cu creaturile care o urmau, nu mai aveau cum să se ascundă. Smoala mi-a căzut de pe ochi și vederea îmi era ca de vultur. M-am uitat la acea femeie. Pe fruntea ei era scris "Izabela". Femeia și toți prietenii ei au țipat din nou, dar de data aceasta nu în sunet de victorie. S-au ridicat și au fugit frenetic în spatele Izabelei așteptându-i ordinele. Mi-am întins mâna spre ea și înainte de a spune ceva toți au fost muți, înghețați de frică. Am simțit o prezență alături de mine dar aveam impresia că nu îmi este permis să mă uit. Uitându-mă fix la femeie, cu mâna întinsă spre ea, am simțit o altă mână peste mâna mea. M-am uitat și am văzut o mână pe care era înscris cu roșu "ILIE". Împreună și în același timp am respirat adânc și am suflat tot aerul din noi spre Izabela și cei care o urmau. Au căzut ca morți și victoria noastră era clară. Am simțit prezența lui ILIE plecând cu aceiași rapiditate cu care i-am văzut mâna. M-am umplut de siguranță și entuziasm și un răgnet a ieșit din mine: "Slavă Ție Tată".

M-am întors să pornesc din nou la drum cu încredere de data aceasta, știam că indiferent de ce mă aștepta în continuare, grația de a trece peste orice greutate era deja eliberată. Cu nouă putere am continuat drumul.

Hoinărind în continuare pe Calea Suferinței cu nouă încredere și curaj, am ajuns în dreptul unui pichet de oameni cu placarde pe care era scris numele meu și "Să fie ars!". Mulțumesc lui Dumnezeu, nu cunoșteam pe nici unul din acești oameni; nu înțelegeam de ce vroiau să fiu ars pe rug. În timp ce mărșăluiau, m-am ascuns în spatele unei tufe și le ascultam conversațiile. Spuneau lucruri de genul:

" El a spus asta și asta..."

"E un mincinos."

"Nu vom tolera aceste minciuni, ele ne corup copiii."

"Nu îl vom lăsa să intre în clădirea noastră."

"El predică iubirea și înșeală lumea cu minciuni."

"Ar trebui ars pe rug și dacă va continua, îl vom omorî."

Am fost uimit să constat că acești oameni erau de toate rasele și culorile. Am realizat că această persecuție nu e numai împotriva mea ci împotriva întregului Trup al lui Hristos și o parte din această persecuție vine chiar de la alți "creștini". Mi s-a frânt inima și am plâns de durere pentru mine și miile de oameni care vor suferi asta, inclusiv familia mea și cei dragi mie. Mi-am amintit ce a spus Domnul, că va folosi persecuția ca să mă elibereze de lucruri care trebuie eliminate din viața mea. Plângând în hohote am început să înțeleg că singurul mod de a-mi continua drumul este să trec direct prin fața acelor oameni care doreau să mă omoare. L-am întrebat pe Isus ce să fac. Cuvintele îmi erau încă pe buze când L-am simțit pe Isus lângă mine.

A spus, " Am fost cu tine tot timpul. Eu sunt Iubire. Pentru acest test trebuie să îți dovedești iubirea: Mergi la acei oameni, iubește-i, mergi înaintea lor și lasă-i să te scuipe, să arunce în tine cu orice și să te acuze. Eu sunt apărătorul tău și tu nu trebuie să faci altceva decât să îi iubești. În primul rând trebuie să îi eliberezi prin iertare, dar asta nu e suficient pentru a putea merge mai departe. Vei merge iar într-un cerc și vei ajunge din nou aici. În al doilea rând trebuie să îi IUBEȘTI și iubindu-i, toată durerea pe care o simți acum și efectele ei vor fi spălate complet. Așa te voi desăvârși în iubirea mea și IUBIREA este legea prin care totul funcționează în împărăția mea."

Ridicându-mă să merg spre cei ce mă acuzau, i-am auzit strigând, "Iată-l, prindeți-l!" Oamenii din Vest voiau să strige la mine și să mă ridiculizeze. Erau foarte mulțumiți să vorbească rele despre familia mea și despre mine, Mulțimea dinspre Est dorea să mă ucidă cu orice preț. Era un amalgam de păreri în ceea ce privește felul în care să scape de mine. Toți acuzatorii au fost de acord să mă ducă înaintea unui rege și în acel grup erau reprezentați mulți regi. Cinci dintre cei mai mari regi au fost selectați ca unul să fie ales din ei. Într-un final după lungi dezbateri au ales să mă ducă în fața celui mai rău rege.

Tronul lui era într-o altă parte a pădurii, era ridicat sus, făcut din aur. Apropiindu-mă de tronul Regelui Șarpe, am observat șerpi gravați pe tron și deasupra era o statuie reprezentând un șarpe. Statuia era de aur și mulți oameni i se închinau. Regele s-a dat jos de pe tron și s-a apropiat de mine cu o Biblie în mână. A început să mă acuze de ignoranță și că umplu oamenii de minciuni și multe alte lucruri. Am realizat că el era cel care le spunea oamenilor care mă acuzau, tot felul de lucruri despre mine și ei la rândul lor strigau ce le spunea el. Iubirea a crescut în mine pentru acei oameni și Iubirea m-a smerit atât de mult, până la un nivel pe care nu l-am permis în trecut. Am înțeles că oricând îi voi întâlni pe acei oameni, voi putea să îi iubesc indiferent de purtarea lor pentru că, deși aveau libera alegere, Regele Șarpe îi hrănea cu minciuni. Am știut că atunci când se va manifesta adevărata lumină a lui Dumnezeu mulți se vor întoarce spre dreptate și adevăr. Cel mai bun lucru pe care puteam să îl fac era să îi iubesc și să tac.

Șarpele mi-a vorbit șuierând: "Ce ai de spus în apărarea ta?" Nu am murmurat nici un cuvânt. Apoi regele a devenit furios și a zbierat: "Ce ai de spus în apărarea ta?" Din nou nu am spus nimic știind că Domnul m-a învățat să iubesc și apărarea mea e treaba Lui. Aprins de mânie regele a tunat: "În a cui autoritate vorbești tu?" Duhul Sfânt mi-a șoptit ușor în ureche: "Spune-i adevărul!"

Am răspuns smerit Regelui Șarpe " Nu sunt eu, ci Hristos din mine."

Într-o clipă m-am aflat din nou pe drum în fața acuzatorilor. Jumătate din oameni plecaseră însă cealaltă jumătate au ales să creadă în continuare minciunile Regelui Șarpe, ei strigau și mă amenințau din nou. Am înțeles că uneori Isus intervine singur și alteori Duhul Sfânt îți spune ce să spui. În această situație au apărut ambele intervenții. În iubire am mers mai departe dincolo de acuzatori, pe cărarea pe care nu o văzusem înainte. Situația părea să se rezolve. Am înțeles că modul de a supraviețui persecuției este iubirea, ascultatrea și sfatul Duhului Sfânt. Cu toate astea, nu m-am așteptat la următorul eveniment.

Mergând mai departe pe drum, dincolo de pichetul acuzatorilor, mi-am văzut propria mea familie și alte familii ce vor merge pe această cale. Erau așezați pe scaune puse în semicerc și în mijloc era un scaun gol, știam că acela e pentru mine. Toate familiile doreau "doar să vorbească". Mergând spre ei, știam că acesta va fi cel mai greu test. Am luat loc pe scaun, un pic speriat de discuția ce va urma, unul din membrii familiei mi-a zis: "Nu te-ai gândit și la noi înainte de a face toate astea?"

Altcineva a spus: "De ce ne-ai băgat pe noi în încurcăturile astea?"

Și încă unul: "Cine te crezi?"

Am simțit că e momentul să vorbesc, " Doar mă supun și fac ce mi-a spus Domnul."

Un alt membru al familiei m-a întrebat: "Și finanțele tale? Și reputația ta? Și ce faci cu noi? Nu suntem noi familia ta? Nu îți pasă de binele nostru? Nu vrei să petreci timpul cu noi? Chiar crezi în lucrurile pe care le spui? Cine ești tu și ce ai făcut cu băiatul pe care l-am crescut noi?"

Toate familiile au dat împreună din cap aprobator ca la comandă.

Am vorbit din nou, "Nu voi răspunde la acele întrebări. Tot ce voi spune este că eu cred cu toată ființa mea că ascult și fac ce mi-a spus Tatăl meu să fac. Nu am fost perfect dar am fost supus (ascultător). Vă iubesc pe toți foarte mult și voi continua să fac ceea ce îmi va spune Tatăl meu ceresc. Mă rog să găsiți în inimile voastre înțelegere."

Un membru al familie a răcnit: "Ești nebun și tot ce ni se întâmplă nouă e din cauza ta! Ne vom depărta de tine și dacă decizi să devii cine te-am crescut să fi, atunci te poți întoarce la noi."

Atunci toate familiile reprezentate s-au ridicat, mi-au întors spatele și au plecat. Am rămas doar eu pe scaun simțind o dureroasă singurătate.

Am stat acolo și m-am rugat, "Doamne, am știut de la început că drumul acesta va fi dificil, dar propria mea familie m-a renegat. M-au ridiculizat, interogat și disprețuit pentru că am făcut ce mi-ai spus Tu să fac. Simt că nu mai am nimic și pe nimeni în afară de tine. Plângând zgomotos am pledat, "Doamne, ajută-mă!". Nu am auzit nici un răspuns, doar ecoul strigătelor mele, eram înconjurat de scaune goale și întuneric. Stând într-o baltă de lacrimi, contemplam călătoria de până aici și de aici mai departe. Mi-am amintit minunile făcute de Dumnezeu și mă gândeam dacă merită să ți se frângă inima pentru ele. M-am simțit ca și când aș fi fost singurul om în lume. Știam că voi ieși din pădure dar nu mai doream să întâlnesc din nou astfel de situații. Nu știam dacă aș avea puterea să trec peste ele. Stând în lacrimi și încercând să gândesc limpede era ca și când încerci să înoți în deșert. Tot ce aveam erau Sabia Adevărului și Scutul.

Am văzut puterea Sabiei și am înțeles funcția scutului dar niciodată nu le-am folosit împreună. Încă plângând ușor, mi-am dat jos scutul de pe spate și l-am pus jos lângă sabie. Amândouă străluceau. Chiar în mijlocul evenimentelor care tocmai se petrecuseră, puteam să văd clar. Spre surprinderea mea, când m-am uitat la sabie am observat gravate pe ea, câteva versete din scriptură. Nu avea nimic scris pe ea la început, dar acum avea gravat pe ea multe lucruri pe care le învățasem de-a lungul călătoriei mele. Știam că am o revelație și o înțelegere mult mai profunde acum, a acelor versete gravate pe sabie și le puteam folosi așa cum foloseam sabia.

Și scutul era mult mai strălucitor acum comparativ cu lipsa de luciu de la început, când l-am scos din acel cufăr. Examinându-l cu atenție am observat câteva indentații și zgârieturi, totuși în mare părea intact. Gravura de pe scut era cea mai strălucitoare "El e credincios". Intrigat, am așezat scutul pe pământ și m-am uitat la versetele scrise pe sabie. Ultimul verset gravat era Efeseni 1:6.

"spre lauda slavei harului Său pe care ni l-a dat în Preaiubitul Lui."
(prin care ne-a acceptat în Preaiubitul)

Duhul Sfânt mi-a vorbit, "Joseph poate că familia ta pământească nu te acceptă dar ești deja acceptat în familia mea. Familia mea este pe pământ și în cer și sunt aceia care fac voia mea. Nu va mai trebui să te bazezi pe familia de pe pământ pentru a fi acceptat și aprobat. Ești deja acceptat și iubit. Eu Sunt Iubire și nimeni nu poate cunoaște iubirea departe de mine. Când îți vei continua călătoria îi vei ști pe aceia care Mă iubesc și pe cei care nu mă iubesc, îi vei ști prin Duhul Sfânt și după faptele lor. Iubește-ți familia de pe pământ cu iubirea pe care ți-am descoperit-o dar trebuie să Mă asculți".

Am înțeles că în timp ce unii oameni urmează această cale, încep să meargă în înțelegere și ascultare, multe familii vor vedea asta și vor începe să creadă. În alte familii, ura va crește și membrii familiei care fug de lumină vor fi departați și mai mult de lumină prin propria lor alegere. Mi-am continuat călătoria cu o nouă reverență, încredere, smerenie și iubire. Întunericul care învăluia cărarea s-a ridicat și am știut că mă apropii de sfârșitul căii suferinței. Am alergat spre lumină cu pași plini de speranță. La capătul drumului stătea Isus cu un zâmbet blând și în spatele Lui puteam vedea crucea. Nu puteam vedea dincolo de cruce dar știam că ceva incredibil urma să se întâmple.

Isus m-a îmbrățișat cu afecțiune . Zâmbind, mi-a spus: "Trebuie să îți arăt ceva înainte de a merge mai departe." M-a luat de mână și am călătorit înapoi în timp. Eram înconjurați de o mulțime de oameni și ne aflam lângă Muntele Măslinilor mergând la Ierusalim. Oamenii strigau: "Osana, binecuvântat este cel ce vine în numele Domnului." Mergeam lângă El, și-a întins mâna spre mine și m-a luat de mână.

Când mâinile noaste s-au atins L-am întrebat, " Doamne, unde mergem?"

M-a privit solemn și mi-a răspuns, ," La părtășia (tovărășia) suferințelor Mele."

Filipeni 3: 7-14 mi-a revenit în minte, Acolo scrie așa:

"Dar lucrurile care pentru mine erau câștiguri le-am socotit ca o pierdere, din pricina lui Hristos. Ba încă și acum privesc toate aceste lucruri ca o pierdere, față de prețul nespus de mare al cunoașterii lui Hristos Isus, Domnul meu. Pentru El am pierdut toate și le socotesc ca un gunoi, ca să câștig pe Hristos și să fiu găsit în El, nu având o neprihănire a mea pe care mi-o dă Legea, ci aceea care se capătă prin credința în Hristos, neprihănirea pe care o dă Dumnezeu, prin credință. Și să-L cunosc pe El și puterea învierii Lui, și părtășia suferințelor Lui, și să mă fac asemenea cu moartea Lui; ca să ajung cu orice chip, dacă voi putea, la învierea din morți. Nu că am și câștigat premiul sau că am și ajuns desăvârșit; dar alerg înainte, căutând să-l apuc, întrucât și eu am fost apucat de Hristos Isus. Fraților, eu nu cred că l-am apucat încă; dar fac un singur lucru: uitând ce este în urma mea și aruncându-mă spre ce este înainte, alerg spre țintă, pentru premiul chemării cerești a lui Dumnezeu, în Hristos Isus."

Ne-am întors în pădure la fel de repede cum am plecat. Isus mi-a vorbit, "Înainte de a trăi în puterea învierii mele trebuie să treci prin părtășia suferinței mele. Ele merg mână în mână. Gradul în care te-ai smerit prin ascultare și lucrarea completă de sanctificare pe cruce, determină gradul de putere a învierii în care vei umbla. Determină de asemenea gradul în care Mă poți percepe. Uite-te la Ilie. Când Ilie a fost luat în cer în carul de foc, mantia pe care am predestinat-o lui să o poarte, a căzut pe pământ. Înainte de a putea să ridice mantia lui Ilie, Elisei a trebuit să își rupă propria mantie în două. Deci trebuie să te supui Duhului Sfânt și să îi permiți să te cizeleze și corecteze ca să poți ridica multele mantii predestinate ție. Așa cum ai învățat, pe Calea Suferinței, trebuie să te schimbi înainte de a merge mai departe, dar fi foarte atent și observă ce a făcut Elisei după asta. A luat mantia lui Ilie și mi-a cerut ceva imediat. Primul lucru pe care l-a făcut a fost să ridice mantia, să lovească apele și să ceară, "Unde este Dumnezeul lui Ilie!" După ce începi să treci prin părtășia suferințelor mele pentru timpul ales, și permiți ca mantia ta să fie sfâșiată, vei putea și tu să ridici mantiile pe care le-am pregătit pentru tine. Nu pot rezista iubirii tale pentru mine și atunci voi veni cu puterea cerului și voi face în plus și din abundență mai mult decât poți cere sau imagina. Eu sunt același ieri, azi și pentru totdeauna dar tu trebuie să te schimbi."

După ce mi-a descoperit aceste revelații, ne-am întors la cruce. Mergând spre cruce am văzut bălți de lacrimi. Am crezut că înțeleg dar Domnul mi-a auzit gândurile. M-a întrerupt spunând "Nu este așa cum crezi. Acestea sunt lacrimi de suferință dar nu pentru moartea mea. Eu am înviat. Acestea sunt lacrimile mele pentru oamenii care au ajuns aici, au ajuns la cruce și s-au întors înapoi în pădure. Trebuie să pășești prin cruce în Cer și în puterea învierii mele."

Am mers spre cruce și am pășit în ea. În interiorul crucii era o cameră foarte mare făcută din gresie ca și camera în care am găsit sabia. Nu era nimic deosebit de notat în acea cameră în afară de lumina ce venea prin deschiderea din fața noastră. Am continuat să mergem spre lumină și când am ajuns la mijlocul încăperii, Isus s-a oprit brusc. Isus s-a uitat la mine direct și mi-a spus: "Acesta este locul grației mele. Este locul unde mila și adevărul se întâlnesc, unde dreptatea (neprihănirea) și pacea se sărută. (Vezi Psalmul 85: 10) De aici îți voi lua tot păcatul din trecut, prezent și viitor și nu mi-l voi mai aminti. Trebuie să îl regreți, să mi-l dai și apoi să mergi mai departe." Când am ieșit de cealaltă parte a crucii am fost stropit în față de un amestec de apă și sânge picurând de pe cruce. Imediat Duhul Sfânt din mine a tresărit cu mare bucurie. (Vezi 1 Ioan 5: 6-8). Stând cu spatele spre cruce mă uitam înainte și am văzut un copac mare și Cerul.

Gibraltar

CAPITOLUL 6

"Gibraltar"

Am pătruns în cer prin cruce și în fața mea se afla un copac imens foarte vechi. Copacul părea să aibă un diametru de aproximativ 4.5m și de sute de metrii înălțime cu ramuri întinse în afară. Isus s-a întors spre mine și mi-a spus: "Vreau să îți descopăr câteva din misterele despre care i-ai auzit pe alții vorbind în trecut. Nu vei vedea întreaga mea împărăție dar vei vedea ceea ce vreau eu să vezi. Uite-te în ochii mei și înțelege că uitându-te în ochii mei, ai acces la toate bogățiile moștenirii tale, chiar la lucrurile adânci ale lui Dumnezeu și pe măsură ce te umplu cu Spiritul Înțelepciunii și al Revelației vei începe să vezi care este speranța chemării tale (destinului tău) precum și lucrarea și mărirea puterii mele. Când vei privi prin prisma Spiritului Înțelepciunii și Revelației vei începe să-ți înțelegi destinul cu mintea." (Vezi Efeseni 1: 17-19)

Acum am înțeles de ce copacul pe care l-am întâlnit la începutul acestei călătorii se numea Copacul Înțelepciunii și Profunzimii. Știam că Spiritul Înțelepciunii te ajută să pătrunzi adâncimile (profunzimile) lui Dumnezeu dar singurul mod de a ajunge la adâncimile Lui este în a-L aștepta și a-L privi în ochi. Privindu-L în ochi și așteptându-L, atrage Spiritul Revelației care te va lumina în profunzimea înțelepciunii Lui. Înțelepciunea fără Înțelegere este inutilă. Ele funcționează împreună în Spiritul lui Dumnezeu și îți permit să îl vezi pe Isus însuși împreună cu tainele Lui și slava moștenirii noastre ca sfinți. Toate aceste lucruri le puteam vedea dar înțelegerea lor mi-a fost accelerată în minte, într-o fracținue de secundă.

Cu zâmbete pe ambele noastre fețe, am continuat să mergem spre copac. Când ne-am apropiat de copac am întâlnit un râu chiar în fața noastră, conectat direct la tronul lui Dumnezeu. Isus m-a învățat " Nu este prudent să vorbești despre tot ce vezi; folosește-ți înțelepciunea pe care ți-am dat-o. Toți cei care intră în Cer vor mânca din acest copac și toți cei care intră în Cer vor trece prin acest râu. Urmează să îți arăt trei realmuri (ținuturi) ale Cerului. Sunt mult mai multe dar acum vei vedea trei."

Intrând împreună în primul realm, am constatat vastitatea acestui ținut ale cărui margini nu le puteam vedea. Mulți, mulți Creștini au intrat aici. Era o atmosferă de nesfârșită și complet pură laudă, slavă, adorare și închinare. Oamenii Cerului Îl slăveau pe Dumnezeu nu numai cu vorbe ci cu orice mișcare a ființei lor. Fiecare pas pe care îl făceau era în adorație, exaltare și venerație pentru Dumnezeul Universului. Uitându-mă în sus am putut vedea departe, la mare distanță Orașul Sfânt al lui Dumnezeu și Tronul. A fost splendid să îl văd, totuși nu l-am văzut așa cum credeam că va arăta în toată slava. Uitându-mă la cei prezenți în acest realm, mi-a produs numai bucurie. Acest loc era frumos dincolo de imaginație și oamenii de aici erau absolut încântați să fie în Cer.

Domnul mi-a aruncat o privire zâmbind, știindu-mi gândurile, "Acesta este un realm al Cerului. Este cel mai departe de Tron și primul Cer. Mulți din acest ținut sunt cei care s-au pocăit pe patul de moarte. Mai sunt încă șase niveluri în primul realm în Cer care se apropie progresiv de Tronul Meu. În celelalte niveluri ale primului Cer sunt cei care au acceptat salvarea și au fost botezați cu Duhul Sfânt dar nu au mers mai departe în mine." S-a uitat la mine cu multă hotărâre și mi-a spus, "Ești cunoscut aici după cât iubești. Mulți oameni cred că e vorba de daruri dar darurile le dau Eu. Darurile (talentele, puterile supranaturale) și vocațiile pe care Le-am dat sunt fără pocăință. Să nu judeci măreția pe pământ în funcție de daruri. Unii dintre cei mai buni prieteni ai mei nu sunt cunoscuți pe pământ pentru nimic doar pentru iubirea lor și îmi vor fi aproape tot timpul. Vin-o acum, vreau să îți arăt al doilea nivel al primului Cer."

Umblând cu Isus prin Cer era ca şi când te trezeşti în dimineaţa de Crăciun. I- a trebuit mult timp să îmi arate şi explice chiar şi cele mai mici lucruri. Era mândru de tot Cerul şi era şi mai mândru de oamenii din Cer. Am trecut în al doilea nivel al primului Cer şi am văzut că există o cale de a avansa după ce cineva a intrat în Cer. Când am intrat în al doilea nivel al primului Cer, s-a apropiat de mine un om pe care nu îl cunoşteam, şi mi-a vorbit. Domnul a dat aprobator din cap şi acel om a continuat, "Am fost un Pastor credincios pentru mulţi, mulţi ani. L-am iubit pe Dumnezeu dar nu i-am iubit pe oamenii Lui. Când eram pe pământ, din egoism nu am permis oamenilor al căror pastor eram, să avanseze dincolo de unde mă aflam eu atunci. De fapt mă temeam că dacă mă vor depăşi, vor pleca sau îmi vor lua locul. Ştiu că aş fi putut fi în altă parte în Cer, într-un loc mai înalt dar sunt recunoscător că sunt aici." Omul a zâmbit smerit şi s-a îndepărtat.

Puţin uimit de mărturia acelui om, L-am întrebat pe Domnul cum poate fi aşa ceva posibil. Isus a zâmbit, "Când vi aici şi ai fost curăţat şi purificat, o parte din cine ai fost pe pământ rămâne cu tine. Toate impurităţile şi păcatele vor fi spălate dar adevărul va rămâne pentru totdeauna. Adevărul spus de acel om nu l-a afectat în mod negativ – era adevăr. Adevărul este. Unii oameni, când sunt pe pământ, trăiesc după un adevăr şi Eu sunt ADEVĂRUL. Oamenii mei trebuie să iubească adevărul care expune motivele, idolii şi impurităţile din inima lor. Astfel pot să îi vindec şi ei pot începe să urmeze CALEA. Când încep să urmeze CALEA, atunci VIAŢA le este împărtăşită pentru a putea sfârşi ceea ce i-am creat să facă. Sunt toate aceste trei lucruri. Când devin Rege în vieţile lor, curăţ cărarea dinaintea lor şi ei pot merge nu numai în plinătatea a cine sunt Eu în vieţile lor, ci şi în plinătatea a cine au fost creaţi să fie."

Acum am înţeles bine gravura de pe Sabia Adevărului, " Isus al meu, este Regele Regilor!" Adorarea şi iubirea m-au inundat aşa de mult încât puteam vedea cum începuseră să emane din mine, în timp ce stăteam cu El în al doilea nivel al primului cer. Acum din mine ieșeau un sunet și un cântec doar pentru El. Mi-a tras cu ochiul, " Așa cum e aici, este și pe pământ. Ce emană din tine acolo este vizibil și aici."

Mergând mai departe în Cer, Isus m-a învățat: "Nu e prudent pentru tine să cunoști acum restul nivelelor primului Cer, îți voi vorbi despre al doilea Cer și ne vom întâlni cu cineva din al treilea Cer. Al doilea Cer/realm pe care ți-l arăt este pentru martiri, cei care și-au dat viața pentru cauza Împărăției. Felul în care și-au dat viața e foarte evident în unele cazuri dar nu în toate. Ceea ce înțelegi tu prin martir diferă de ceea ce înțeleg Eu. Am o iubire deosebită pentru ei toți. Mulți dintre martiri au primit o șansă pe care doar unii au ales-o. Când erau torturați și familiile lor erau ucise, le-am oferit posibilitatea de a mi se închina și ierta pe cei care îi torturau și ucideau. Le-am acordat grația (harul) de a ierta celor care sufereau. Unii dintre martiri au ales corect iubirea, alții nu." Trecând pe lângă al doilea realm am văzut câțiva martiri despre care mi-a vorbit Isus, erau îmbrăcați în onoare și măreție.

După ce am trecut de al doilea realm ceresc, Domnul m-a luat de mână și am ajuns într-o corabie. Avea aspectul unei corăbii de pirați și navigam pe vânt puternic. M-am uitat la Domnul puțin derutat și El mi-a poruncit, "Uite-te în sus!", când m-am uitat am observat că eram undeva afară în univers. Uitându-mă în jur am văzut un țărm în fața noastră, și ne-am oprit ușor pe țărmul nisipos. Plaja se extindea cam douăzeci și cinci de yarzi unde întâlnea un șir de copaci. Toți copacii erau înalți cam de cinzeci de picioare, groși de doua picioare și plantați foarte aproape unul de altul. Când am ieșit din corabie, am știut că ne aflam într-un loc extraordinar. Domnul mergea pe plajă alături de mine și puteam să văd măreția universului dincolo de orizont. Era într-adevăr un loc ce nu poate fi descris în cuvinte. Era cea mai sfântă, pură, ușoară și glorioasă atmosferă pe care am întâlnit-o vreodată. Nu era nimic neclar, nu aveam întrebări, totul era văzut, auzit, gustat, mirosit, atins - cunoașterea tuturor lucrurilor.

Am continuat să mergem dar nu mai trebuia să vorbim ca să comunicăm; era ca și când am fi fost (unul) în uniune completă. Treptat m-am simțit învăluit în Spiritul Fricii de Dumnezeu. A început sub forma unei senzații și a devenit din ce in ce mai puternic. Pe măsură ce a devenit mai puternic, am ajuns să nu mai pot merge prin propria mea putere și Domnul a trebuit să mă sprijine. Ne-am oprit de tot și El mă sprijinea. M-am uitat în sus și am văzut Slava manifestată a lui Dumnezeu (Shekinah Glory) saturând atmosfera. La distanță se vedea un om venind spre noi, era acoperit în puterea luminii copleșitoare. Am înțeles că el era cauza slavei prezente. El era scufundat în Frica de Dumnezeu. Pe măsură ce mingea de foc a slavei se apropia de noi, am căzut ca mort și Isus m-a susținut în totalitate. Mi-a vorbit ușor în ureche: "Întărește-te și fi încurajat căci astăzi îți împlinesc o dorință a inimii."

Cu puterea refăcută am putut să stau în picioare dar încă mă țineam de Isus. Acel om acoperit de lumină stătea în fața noastră și puteam să îi văd conturul chipului. Isus ne-a făcut cunoștință, " Joseph, în plinătatea momentului prezent, te-am adus ca să cunoști pe cineva. Acesta este Enoh. A fost una din dorințele inimii tale să îl întâlnești, și are să îți spună un secret."

Enoh a vorbit cu o voce blândă și totuși autoritară: " Joseph, secretul de a umbla cu Dumnezeu așa cum am făcut eu, este de a rămâne în locul intim al lui Dumnezeu (secret place) tot timpul."

După ce mi-a vorbit s-a întors, și cu grația a o mie de apusuri, s-a îndepărtat de noi. Când am rămas doar cu Isus, m-am gândit: "Cum?"

Isus mi-a răspuns gândului: " În tăcere și liniște prin norul întunecat." Am fost inundat de înțelegere în timp ce îmi vorbea. În această parte a universului, când vorbea, era ca și când viața rostită de El te căra prin eterninate. Știam că dacă mi-aș liniști sufletul înaintea Lui, prima dată slăvindu-L, apoi închinându-mă Lui și apoi așteptându-L, aș putea intra în locul secret al prezenței Tatălui nostru ceresc. În același timp aș putea să renunț la puterea mea pentru a o primi pe a Lui. Mi-am amintit adevărul revelat în Isaia 30:15,

" Căci așa vorbește Domnul Dumnezeu, Sfântul lui Israel: "În liniște și odihnă va fi mântuirea voastră, în seninătate și încredere va fi tăria voastră." Dar n-ați voit!"

După ce am înțeles toate astea, Isus mi-a atras atenția, "Trebuie să pleci acum, te așteaptă o călătorie lungă dar înainte de a pleca, am un dar pentru tine. El va fi cu tine toată viața și te va purta în foarte multe locuri." Cu zâmbetul pe buze și cu un fluierat a chemat la noi pe cel care știam că va fi cel mai bun prieten și tovarăș pe care l-aș putea avea. Îl mai văzusem în trecut în viziunile mele și mi-a fost promis cu mult timp în urmă. Era un armăsar alb.

Chiar era timpul?

Mai frumos decât mi-aș fi putut imagina, foarte puternic și cu enormă autoritate, a fugit spre mine cu viteza fulgerului mișcându-se fără efort. Când s-a apropiat de noi, s-a oprit, a sărit în două picioare și a nechezat ca la bătălie așa cum numai un armăsar poate. A fulgerat în spatele lui și la lumina fulgerului am văzut ce scria pe șa. Pe șa la bază era scris "ÎNSUFLEȚIT" (QUICKENED). Am căzut la picioarele lui Isus plângând în gratitudine, mulțumindu-i. Nimic din ce făcusem nu mă făcea să merit această mare onoare. Isus m-a privit ca un tată cu ochii plini de iubire, " Numele lui e Gibraltar și este un bastion invincibil. Acum mergi, călărește, și împlinește tot ce a fost destinat și spus despre tine dinaintea facerii lumii!" Urcându-mă pe noul meu prieten și colaborator, am admirat ce făcuse Domnul. Eram perfecți. Când m-am suit pe Gibraltar, a pornit imediat la fugă și a început să treacă marea.

Pe când treceam marea, mi-am scos sabia și am ridicat-o scoțând un strigăt de bătălie: "Grație! Grație! Vin-o Doamne Isuse! Vin-o! Vie Împărăția Ta! Facă-se voia Ta! Precum în Cer așa și pe pământ!" Trecând prin realmuri și dimensiuni, am văzut în depărtare, soarele apunând peste o vale mare. Era Valea Regilor.

CAPITOLUL 7

"CENTURA ADEVĂRULUI"

Când am ajuns la Valea Regilor, am văzut soarele răsărind, era începutul unei zile noi. Am văzut că era începutul unei ere noi și am înțeles că erau mulți regi mari în această vale. Am descălecat de pe Gibraltar și m-am apropiat de marginea stâncii slăvindu-L pe Dumnezeu pentru grația de a vedea o nouă zi și grația de a vedea o nouă eră născându-se pe pământ. L-am lăudat pentru bunătatea și mila Lui și pentru toate lucrurile minunate pe care le-a făcut. Mă simțeam ca un războinic în bătălie care tocmai vede răsăritul ultimei zile de bătălie. Mă simțeam ca un campion care urma să călărească printr-o vale plină de învingători. În timp ce-l slăveam pe Dumnezeu, vederea mi s-a îmbunătățit așa încât puteam vedea totul înainte și în spatele meu – chiar până la capătul văii deși era foarte departe. Acolo aveam un sentiment distinct al scopului și destinului meu, care m-a pătruns când eram cu Isus și l-am primit pe Gibraltar. Eram sfințit(uns) în măreție și destin. Stând jos pe marginea stâncii, admiram frumusețea văii. Valea era largă și lungă cât vedeai cu ochii naturali. Era plină de iarbă de un verde crud și, răspândite, se vedeau lacuri de apă. Se simțea o ușoară briză dinspre răsărit, care avea un efect liniștitor.

În timp ce mă minunam, am avut o viziune. M-am văzut călărind pe Gibraltar în împărăția întunericului, cu sabia scoasă. Împărăția întunericului se întindea în sus deasupra de nori acoperind un teritoriu vast. Orașul era înconjurat de ziduri înalte. Era orașul Babilon în spirit, întunericul inunda orașul și împrejurimile. Părul îmi era împletit, lung peste umeri. Când călăream pe Gibraltar, Slava lui Dumnezeu era cu mine și peste mine curgea o pace dincolo de orice înțelegere. Uitându-mă în jos, lângă mine era un câmp de forță invizibil cam de un metru jumătate, brăzdând terenul în fața noastră, făcându-l perfect instantaneu, așa încât aveam tot timpul o cale înaintea noastră. Uitându-mă în sus, am văzut la distanţă alţi oameni călărind pe cai albi spre împărăţia întunericului, dar ei brăzdau alte cărări în moduri diferite. Deşi Pământul era acoperit de un întuneric gros, toţi cei care erau pe cai străluceau emanând o lumină puternică. Toţi ne îndreptam direct spre împărăţia întunericului având aceiaşi încredere şi determinare.

În timp ce călăream, părea că toţi ne puteam vedea unii pe alţii şi am format o linie călărind direct spre împărăţia întunericului. Eram nouă şi am observat că toţi aveam păr lung împletit peste umeri, deşi eram diferiţi, nu puteam fi deosebiţi nici cum. Încă brăzdam aceiaşi cărare fiecare dar când am devenit o linie şi călăream împreună, am format o cale enormă. Imediat după ce am fost împreună, milioane şi milioane de oameni ai lui Dumnezeu au venit şi s-au aşezat în formaţie în spatele nostru şi lângă noi. Oamenii de lângă noi răgeau ca nişte lei şi pluteau la jumătate de metru deasupra şi totuşi se mişcau la fel de repede ca noi cei care călăream. Plinătatea Slavei lui Dumnezeu era peste noi şi înaintea noastră în timp ce călăream împreună, plini de iubire cucerind şi răscumpărând împărăţia întunericului.

Când viziunea s-a terminat, m-am ridicat de pe marginea stâncii. M-am întors spre Gibraltar care mă aştepta nerăbdător lângă un copac. Cu nou curaj şi determinare am mers spre el, pregătit să călăresc în Valea Regilor. Uitându-mă de aproape în ochii lui puteam vedea un foc intens ce ardea feroce. Era plin de putere, ea emana din fiinţa lui. Când am încălecat l-am văzut pe Isus stând la o masă aproape de marginea stâncii de unde tocmai plecasem. Scria ceva într-un jurnal. Jurnalul Lui era foarte simplu, maro, de piele, şi avea multe nume scrise în el. L-am întrebat pe Domnul ce era scris în jurnal şi mi-a spus, " Aceasta este ziua când oamenii devin Regi. În acest jurnal le scriu numele atunci când realizează că sunt Regi şi încep să-şi asume responsabilitatea unui Rege."

Cu un zâmbet a închis jurnalul și am văzut ce era scris pe copertă. Cuvântul "FII" era tipărit cu litere roșii. Simțindu-ne trași din spate de Duhul Sfânt, eu și Gibraltar ne-am întors și căutam o cale în spatele nostru care să ne ducă departe de Valea Regilor. Nu înțelegeam de ce ne trăgea departe de vale. Știam că sunt lucruri și oameni măreți pe care îi puteam întâlni în acea vale, dar știam de acum să nu rezist atragerii Duhului Sfânt. Am coborât pe o cărare, depărtându-ne de Valea Regilor și curiozitatea mi-a fost satisfăcută când am ajuns la o intersecție. Erau câteva drumuri care se încrucișau și în mijloc se afla un indicator. Drumurile o luau în toate direcțiile dar acest loc avea aerul de "acasă". Pe acel indicator erau săgeți îndreptate în diferite direcții. Pe un semn scria " Pădurea" pe altul, îndreptat înapoi de unde venisem, scria "Valea Regilor" iar pe altul scria "Avanpostul". Dintre toate semnele, m-am simțit cel mai atras de cel pe care scria "Fântâna".

Părea că Gibraltar e de acord cu mine pentru că a luat-o la fugă pe cărarea ce ducea la fântână. În timp de alergam pe acea cărare, m-am uitat în jur și am văzut niște coloane înalte. Pe aceste coloane înalte de fildeș erau gravate cuvinte specifice. Unele erau: Doctrină, Teologie, Rasă, Gen și multe altele dar pe cea mai mare coloană era scris cuvântul "EGOISM". Din acele coloane erau trase săgeți spre mine. Săgețile picau la vreo 2 metri de mine în toate direcțiile dar puteam citi foarte clar ce era scris pe fiecare din ele. Pe fiecare săgeată era scris același cuvânt: "Opinie". Devenise clar că pentru a ajunge la fântână trebuie să trecem de opinii. Strecurându-ne ușor printre coloane și săgeți, am ajuns la un luminiș ferit. În jurul luminișului erau copaci frumoși, înalți, robuști acoperiți de douăsprezece feluri de frunze. Luminișul în sine era foarte liniștit, senin și sfânt. În centrul luminișului se afla o fântână de piatră. Aspectul fântânii era simplu, părea veche și mult folosită. Avea un acoperiș de formă triunghiulară deasupra, așa cum vedem în filme vechi. Am descălecat de pe Gibraltar și am observat că fântâna era mai largă decât mă așteptam și lângă fântână era o găleată de lemn legată cu o frânghie. Frânghia era conectată de un cilindru sub acoperiș, pe care puteai să îl învârți de o manivelă, să cobori și să ridici găleata. Nu era greu de ghicit pentru ce era acolo găleata dar pe marginea de piatră a fântânii se afla o centură. Centura strălucea de dedesubt. M-am apropiat cu grijă și am întors-o. Pe pielea simplă a curelei era scris cu litere care străluceau intens o frază simplă: " Adevărul este."

M-am aplecat peste marginea fântânii și am fost surprins să văd că fântâna era plină cu apă proaspătă limpede ca cristalul. Încercând să pătrund cu privirea adâncimea fântânii am observat ceva în reflexia apei ce nu văzusem încă. Pe cilindrul de sub acoperiș era scris: " Adâncimile Prezenței Lui." Surprins mi-am ridicat ochii să văd scisul de pe lemnul vechi care mirosea a aer proaspăt. Acesta era un loc uimitor, era literalmente fântâna prezenței lui Dumnezeu și eu priveam în ea. Mi s-a entuziasmat spiritul pentru că știam că pot veni aici oricând vreau. M-am întors să-l găsesc pe Gibraltar și să poată vedea și el semnul acela, lângă el era Domnul și îi mângâia coama. S-a uitat la mine cu un zâmbet jucăuș pe față, " Ei bine, mă bucur să te văd aici."

Am zâmbit și am spus, " De asemenea, aici îți petreci timpul?

Mi-a răspuns șugubăț, "Vin aici din când în când."

După ce a încetat să îi mângâie coama lui Gibraltar, i-a șoptit ceva în ureche și Gibraltar a luat-o la fugă înapoi de unde venisem. Isus s-a uitat la mine, " Vin-o și ia loc pe buturuga asta. Vreau să te învăț și să îți arăt bazele biruinței." (breakthrough)

Nu mai auzisem această expresie dar îmi plăcea mult. M-am așezat și am așteptat să înceapă. L-am privit în ochi și în acel moment am simțit o durere ascuțită adâncă în interiorul meu. Ochii Lui au devenit roșii și ardeau ca focul. Focul din ochii Lui ardea în mine și m-am retras în durere și frică. Expresia feței Lui era stoică, hotărâtă, ca un milion de sori arzând. Aceasta urma să continue până când va fi terminat. Focul din ochii Lui s-a schimbat cu o privire mai blândă; am fost cuprins de o solidaritate şi înţelegere între mine şi El, pe care nu le mai trăisem încă. Această solidaritate cu Isus nu avea nevoie de cuvinte. Era la un nivel mai adânc şi pur spirituală. Nu am cuvinte să descriu apropierea, intimitatea, şi legătura care tocmai se formase. Cu un zâmbet pe buze mi-a spus: " Nu te teme; iubirea mea pentru tine uneori va arde ca un foc şi te va purifica. Acum hai să începem. Te-am adus aici ca să te învăţ despre bazele biruinţei. Mulţi dintre oamenii mei vor biruinţă şi mi-o cer dar nu înţeleg calea spre biruinţă. Uneori voi iniţia biruinţa pentru oamenii mei dar vreau să înţeleagă cum pot merge în victorie în mod constant şi continuu în mod individual, ca să înceapă să o răspândească oriunde sunt şi oricui vine în contact cu ei. "

Minunându-mă de ce mi-a spus Domnul, cu gura căscată L-am rugat să continue. Atunci mi-a spus, " Sunt multe substraturi şi precepte ale biruinţei dar există o ordine corectă în toate. Şi cei care nu m-au recunoscut ca Domn în vieţile lor vor avea parte de victorii; şi pentru că speranţa şi încrederea lor nu este în mine, acele victorii îi vor duce şi mai adânc în întuneric până ajung la punctul când trebuie să ia decizia de a trăi sau de a muri. Uneori acel moment se petrece devreme în vieţile lor, alteori de petrece când sunt pe patul de moarte. Graţia mea e suficientă în toate cazurile. Trebuie să înţelegi că toate situaţiile prin care trec oamenii au un scop. Ei cer biruinţă totuşi se află în acea situaţie pentru a renunţa la căile lor, a se schimba şi câştiga viaţa, care este de fapt victoria lor. Îmi cer victorie, Eu iniţiez un şir de evenimente care să îi ducă la victorie apoi ei mă roagă să îi scot din acele evenimente."

"Primul precept al victoriei despre care vreau să îţi vorbesc este căinţa. Te va duce din victorie în victorie. Vei găsi căinţa în toate nivelurile prezenţei mele, de la cel mai mic, la cel mai mare.

Produce smerenia și exprimă dorința de a fi transformat."

"Următorul precept este iubirea. Iubirea este cea care susține întreaga lume și este principiul de bază al împărăției mele. Iubirea se manifestă sub formă de lumină și sunet. Eu sunt Iubire, sunt lumină și în mine nu este întuneric. Pentru că nu există iubire mai mare ca a mea și eu te-am iubit primul, când îți crește revelația iubirii mele pentru tine, petrecând timp în prezența mea, atunci lumina care iese din tine devine mai strălucitoare și frecvența pe care o emiți, va produce schimbare și inița victoria. Tot timpul în viață vei trece prin diferite situații. În acele situații ești la un anumit nivel în procesul de biruință. Iubirea este baza. Până când nu ai revelația iubirii mele într-o anumită situație specifică, nu poți trece la următoarea fază pentru a obține victoria. Toate astea se întâmplă prin intimitate cu mine. Când îți pui toată plăcerea în Tatăl, intimitatea va crește."

"Deasupra iubirii este credința. Credința funcționează prin iubire așa că atunci când crești în iubire, crești și în credință. Credința vine din auzirea Cuvântului Meu (Rhema). A crede e ceva ce faci în mintea ta. Credința e și o substanță, așa că atunci când auzi Cuvântul meu (Rhema), substanța cerdinței, viziunea existenței sale care este substanța sperată și puterea de a vedea manifestarea a ceea ce crezi, sunt toate împărtășite ție. Toate cuvintele mele Rhema, conțin o viziune și puterea de a vedea manifestarea sfârșitului așteptat, dat de mine. De aceea toate promisiunile mele sunt Da și Amin și credința este de asemenea o bază a biruinței."

"Deasupra credinței este grația (harul). Harul funcționează prin credință. Când ai credința să pășești în grația care ți-a fost deja acordată, atunci favoarea te va urma și va merge înaintea ta. Foarte multă grație este dăruită acestei generații pentru a dezvălui și pioniera lucruri care au fost păstrate în Cer. Grația e putere. Pavel spunea 'Grația și Pacea să fie cu tine', el spunea efectiv : fie ca puterea lui Dumnezeu să fie cu tine să împlinești totul, alături de Pacea de a vedea lucrul sfârșit."

"După har vine speranța. Speranța este conectată cu multe din cele care formează baza biruinței, speranța este acel lucru așteptat în credință dar care nu s-a manifestat în lumea fizică încă – ca de exemplu întoarcerea Mea. Speranța face parte din natura de Leu a Tatălui și te acoperă. De aceea speranța care întârzie, îmbolnăvește inima. Când privirea ta nu e ațintită spre Tatăl, îți lași inima expusă. Când intri în așteptare cu speranță - acesta este un loc al grației ce funcționează prin credință, și înțelege că această credință funcționează prin iubire, și IUBIREA este fundația Împărăției Mele – așa poți intra în adevărata gratitudine, recunoștință. (thanksgiving) Recunoștința este cea care conectează toate fundațiile și poate fi văzută la orice nivel."

"Recunoștința este și una din cele mai puternice căi spre victorie. Este direct conectată cu Slava Mea. Recunoștința mișcă Cerurile și îl mișcă pe Tatăl. Când intri în acea stare de gratitudine, harul divin este multiplicat pentru tine în direcția recunoștinței. Gratitudinea este și o manifestare a revelației pe care tocmai ai primit-o, și te va împinge spre activarea darului primit. De asemenea să fi atent pentru că, în cazul în care recunoștința este direcționată departe de mine, atunci vei fi tras într-o direcție greșită."

"Ajungând în acel loc unde poți clădi precept peste precept și poți intra într-o stare constantă de gratitudine printr-o înțelegere plină de bucurie, îmbrăcându-te cu celelalte precepte, vei iniția victoria constantă care te va urma tot restul vieții. Cuplând asta cu inițierea suverană a victoriei de către mine, vei începe să fi stabilit în identitatea ta de fiu de Dumnezeu. Trebuie să începi să înțelegi cine ești cu adevărat și ce s-a spus despre tine înainte de întemeierea lumii. Această revelație va deschide ușa pentru a guverna și a domni."

Stând la picioarele Domnului în timp ce El îmi spunea toate aceste lucruri, a fost o experiență minunată. Ceea ce spunea El, părea lapte și miere picurând din El în spiritul meu. Ridicându-se pe de buturuga cea veche mi-a spus "Vreau să te duci la fântâna Prezenței Mele, să sari în ea și să vezi ce am pentru tine în adâncurile ei."

Arătând spre fântână, m-a îndrumat, "Acum privește."

Uitându-mă, am văzut o prezență sfântă a Spiritului Fricii de Dumnezeu înconjurând fântâna alături de o multitudine de îngeri și ființe spirituale. Îngerii erau îmbrăcați diferit și deveneau din ce în ce mai frumoși pe măsură ce erau mai aproape de fântână. Frumusețea era rezultatul măsurii de slavă pe care o cărau. Culorile în care erau îmbrăcați nu erau de natură pământească. Culorile erau făcute din lumină pură, erau toate culorile spectrului plus câteva nepământene. Toți aveau în mână un pergament (sul) iar cei care erau aproape de fântână aveau toiege ca semn de autoritate. Am înțeles că autoritatea pe care o aveau acești îngeri și aceste ființe, le era delegată chiar de Dumnezeu, toți erau direct în prezența Lui și îi vedeau fața.

Am înțeles bunătatea Lui, grația și calea spre biruință, dar nu m-am afundat prea adânc în Frica de Dumnezeu. Acum dacă mă întorceam la fântâna prezenței Lui trebuia să trec prin Frica de Dumnezeu. Apropierea de fântână era sfântă în tăcere; era o liniște respectuasă, sfântă, puternică dincolo de măsură și plină de potențial. Deși era toate acestea, ce ieșea în evidență era liniștea respectuasă care înconjura Frica de Dumnezeu și pe toți cei care stăteau în ea. Nimeni nu se mișca; toți așteptau instrucțiunile lui Dumnezeu cu cea mai pură determinare ca și când nu ar fi fost nimic altceva de făcut. Era un culoar printre acești îngeri și ființe cerești, care ducea direct la fântână. Când m-am apropiat de îngeri am devenit conștient că alături de Spiritul Fricii de Dumnezeu era Spiritul Cunoașterii. În Spiritul Cunoașterii nimic nu este ascuns.

Capacitatea de a vedea în trecut, prezent și viitor cât și a tuturor lucrurilor între ele, era complet prezentă.

Pășind printre ei spre fântână, focusul meu era unic. Aș fi putut petrece toată ziua cercetând acele creaturi , cum erau îmbrăcați, ce aveau de spus și multe altele dar Domnul tocmai mi-a spus să mă scufund în adâncimea Prezenței Lui, și părea că nimic nu era mai important. Plin de reverență, în liniște și venerație, am pășit printre acei îngeri și ființe cerești până la fântână. Am stat pe marginea ei și m-am uitat afară spre ceea ce priveau ei. Am văzut ce vedeau. Am văzut unde și cui erau desemnați îngerii. Unii îngeri și ființe cerești erau desemnați să facă declarații peste națiuni și schimbări guvernamentale. Alții erau desemnați orașelor, și totuși unii care veneau direct din prezența Lui cărând toiege de autoritate și pergamente, erau desemnați unor persoane individuale. Marea majoritate, cu câteva excepții, nu fuseseră încă trimiși individual dar observau și studiau viețile oamenilor desemnați lor de Dumnezeu. Priveau cu mare interes și claritate perfectă cu scopul de a fi capabili efectiv să colaboreze, să lucreze împreună cu oamenii cărora le erau desemnați. Cuprins de adâncă venerație pentru bunătatea și planurile lui Dumnezeu, m-am întors spre fântână. Era timpul să mă afund în adâncimile Prezenței Lui.

CAPITOLUL 8

"FÂNTÂNA"

Știam că mă așteaptă o întâlnire cu o întreagă lume nouă. Stăteam pe marginea fântânii cu picioarele în ea; anticipația și emoțiile erau mari. Când mi-am afundat picioarele, am simțit cel mai puternic sentiment de pace și bucurie care poate fi imaginat – m-a inundat din cap până în picioare. Apa era răcoroasă dar nu rece și deși îmi ajungea până la genunghi, nici o parte a trupului meu nu era ud. Am sărit de pe margine în fântână și m-am scufundat în întregime. Am deschis ochii să văd sub apă, așteptându-mă să usture puțin dar am realizat rapid ca nu mă usturau. Apa era de fapt plăcută tuturor simțurilor mele și spre surprinderea mea, fântâna s-a deschis imediat și a devenit foarte largă. Am început să înot și am observat că în fântână erau diferite niveluri. Nivelurile erau deschideri prin care puteai înota și ajungeai în locuri unde puteai sta în picioare. Toate nivelurile aveau intrări care duceau la o anumită adâncime în fântână. Intrările aveau uși și toate erau identice.

Intrarea cea mai de sus se chema "Preamărire" (Praise). Ușa era simplă, maro și pe ea era scris "Eu sunt ușa". Era de stejar și avea un mâner rotund făcând-o ușor accesibilă. Uitându-mă sub mine, am văzut nivelurile mai adânci. Intrările de la nivelurile mai adânci erau foarte rar folosite. Ar fi dificil să enumăr toate intrările dar două care au ieșit în evidență sunt "Închinarea" și "Așteptarea". Am înțeles că oamenii care intrau la niveluri mai adânci ale Prezenței Lui au fost în prezența Lui atât de mult încât au început să umble în ea tot timpul și să continue să se adâncească. Singurul mod de a ieși era să înoți intenționat în sus și să ieși. Când începusem să mă întreb dacă ar trebui să ies la suprafață ca să respir, Duhul Sfânt mi-a spus, "Respiră."

Având încredere în cuvântul Lui, am respirat adânc și am realizat că nu am nici o problemă să respir sub apă. În timp ce înotam m-am simțit atras spre adânc, să mă afund până la un nivel pe care nu îl puteam vedea încă. Chemarea a devenit atât de puternică încât nu i-am putut rezista. M-am supus chemării adâncurilor și când m-am supus am început să fiu tras spre adâncuri de o forță puternică. S-a întâmplat repede, fără efort. După ce mi s-a părut a fi câteva minute am ieșit prin fundul fântânii, într-o lume complet diferită. Am aterizat în praf și uitându-mă în sus, am văzut un portal asemănător cu cel din Locul Umbrei Prezenței Lui. Uitându-mă în jur am văzut perfecțiune și păstrare în orice direcție. Această lume era vastă și complicată. Totul se afla în locul perfect și era plin de glorie. Florile multicolore, copacii, cerul și pământul și tot ce vedeai cu ochii era perfect păstrat. Mergând înainte pe o cărare de pământ, lată de zece metrii care trecea prin mijlocul acestei lumi, am văzut nume plutind prin aer. Numele erau capitole din biblie și erau acoperite de glorie. Numele erau lungi cam de un metru și de douăzeci și cinci centimetrii înălțime, lungimea depinzând de numărul literelor. Se învârteau în jurul meu în aer. M-am uitat la ele mai îndeaproape și atunci Duhul Sfânt mi-a spus: "Ia Isaia și mănâncă-l".

Nu eram sigur cum îl voi mânca dar mi-am deschis gura și literele "ISAIA" s-au micșorat ca să îmi încapă în gură. În gură erau dulci ca mierea și când le-am înghițit am simțit că înghit apă. Am fost surprins să constat că nu era nimic neplăcut în a mânca "Isaia" dar știam că vor urma evenimente legate de asta mai târziu.

Am auzit în spatele meu un sunet foarte familiar. Era sunetul unui cal în galop. Ca un fulger și plin de putere, Gibraltar galopa spre mine. Întorcându-mă ca un alergător într-o cursă cu ștafetă, gata să primească batonul, am început să alerg în aceeași direcție cu el și când m-a ajuns, am apucat cornul de pe șa și m-am aruncat pe el. Acum, într-o și mai puternică uniune, am continuat înspre apus, alergând în galop pe cărarea de pământ.

Uitându-mă în jur în timp ce călăream am văzut că totul în această lume era exact la locul lui și noi mergeam într-o direcție perfectă. După aproximativ o oră am început să zăresc în depărtare, o altă stâncă.

Când ne-am apropiat am încetinit mergând la pas și ne-am oprit pe marginea stâncii. Am descălecat de pe Gibraltar și m-am uitat în vale. În vale era o tabără de 'oameni'. Erau multe corturi așezate ordonat și în timp ce unii oameni se mutau de la un cort la altul, alții stăteau în picioare și vorbeau. Acești 'oameni' mi se păreau familiari; toți aveau o privire puternică și hotărâtă și erau tot timpul conștienți de împrejurări. Aveau un singur focus și un devotament fără compromisuri. Am vrut să intru în tabără și să mă uit în jur înainte de apusul complet al soarelui, așa că am coborât pe cea mai apropiată cărare și l-am lăsat pe Gibraltar sus pe stâncă să fie paznicul meu. Am coborât pe o cărare prin crăpătura stâncii; în curând valea s-a deschis și în fața mea se afla un cort larg. Am intrat nevăzut în cort și acolo erau trei 'bărbați' stând jos; unul dintre ei era evident liderul lor, instruindu-i pe ceilalți doi. Era regele David. Tocmai terminase de explicat și s-a întors spre unul dintre cei doi 'bărbați',

"Joab, ai înțeles?"

Cu o privire feroce, intensă, plină de devotament, Joab a rostit un cuvânt, "Da."

Întorcându-se spre celălalt 'om' David a spus, " Jashobeam, tu ai înțeles?"

Și el a răspuns, "Da." Când au vorbit acești 'oameni' Spiritul Fricii de Dumnezeu a venit peste mine cu putere. Acești 'oameni' nu numai că îl înțelegeau dar și umblau într-un puternic Spirit al

Fricii de Domnul. Am ieșit din cort și m-am întors la Gibraltar – era deja noapte în vale. Uitându-mă peste vale încă o dată am văzut clar că Frica de Dumnezeu în care umblau acești 'oameni' era ca o închinare lui Dumnezeu. Acoperea valea în Sfântă protecție. În acel moment am înțeles cum David și 'oamenii' lui au devenit măreți și umblau în puterea Domnului. Umblau în Frica de Domnul. Această Frică a Domnului pe care ei o înțelegeau, îi proteja. Da, Spiritul măreției și alte calități erau prezente și le permiteau să facă lucruri uimitoare și grandioase, dar Spiritul Fricii de Domnul era cel care îi proteja de atacuri din toate direcțiile și chiar de ei înșiși. Frica de Dumnezeu era la baza fiecărui pas pe care îl făceau.

Uimit, i-am mulțumit Domnului realizând că se făcuse târziu și trebuia să mă odihnesc. În timp ce adormeam am meditat asupra zilei și tot ce a făcut Domnul, am realizat că eram în Valea Regilor și singura intrare în a realiza faptul că ești Rege, este prin adâncimile Fântânii Prezenței Lui. Am mai înțeles că intrarea în adâncimile Fântânii Prezenței Lui necesită umblarea cu El. Am adormit într-o stare de mai profundă înțelegere și adevăr, cu văluri ridicate de pe ochii mei.

Când m-am trezit era mijlocul dimineții și 'oamenii' de jos își ridicaseră tabăra deja și plecaseră la următoarea bătălie. Știam că au plecat în liniște pentru că nu m-au trezit dar judecând după timpul zilei o făcuseră rapid și cu mare precizie. Am încălecat pe Gibraltar și am coborât în vale unde am putut vedea urmele 'oamenilor' și direcția în care au plecat. Urmele păreau înrădăcinate în timp. Urmele lăsate de roua dimineții indicau toate aceeași direcție și păreau făcute în pas de marș, împreună. Nici un pas nu era neordonat. Înțelepciunea în care acești oameni lucrau și mergeau era în uniune cu Dumnezeu și între ei. Mergeau cu soarele în spate.

Eu și Gibraltar am continuat să mergem în aceeași direcție cu ceilalți oameni. Bătea un vânt ușor, plăcut. În această lume se părea că nimeni nu se grăbește și totul se întâmpla așa cum trebuia să se întâmple și când trebuia să se întâmple. Exista timp în această lume, dar timpul era măsurat cu atâta precizie încât nu exista decât 'la timp' sau 'în timpul Domnului'.

Uitându-mă înainte am văzut un câmp larg, presărat cu lacuri, în toate direcțiile cât vedeai cu ochii. Era exact la fel cum văzusem când eram pe prima stâncă, uitându-mă peste vale cu Isus. Vederea spirituală îmi era amplificată în acest loc, permițându-mi să văd foarte clar și în detaliu. La multe mile depărtare dincolo de ce se poate vedea cu ochiul liber, sau chiar cu un telescop, am văzut un podium de aur. Podiumul arăta ca un amvon dintr-o biserică modernă. Era cam de 1.2 m înălțime, 0.9m în lățime și 0.6m în grosime. Pe acest podium era o biblie deschisă la Exodul 35. Când mă gândeam la acel podium auriu și la biblie am fost instantaneu lângă ele călare pe Gibraltar, totul era exact cum văzusem de la mile depărtare doar că acum Domnul Isus stătea lângă podium și eu am fost teleportat direct aproape de podium.

Isus m-a privit cu îngăduință și mi-a spus, "De fiecare dată când ți se întâmplă asta aici și de acum înainte oriunde, să știi că este pentru un scop divin. Teleportarea în Spirit așa cum a fost Filip teleportat va deveni ceva obișnuit pe măsură ce se apropie sfârșitul (Vezi Faptele Apostolilor 8:39). Teleportarea va avea un scop divin de slujire. Uneori te voi trimite să faci ceva, alteori vei fi transportat pentru a-ți arăta ceva ție. Să nu fi derutat și să nu te temi când ești teleportat. Vei întâlni profeți falși și creaturi ale întunericului care pot călători și ei la fel. Vor fi două semne pentru tine care vor confirma că ce se întâmplă sau cine vine, e de la mine. În clipa în care ești teleportat sau cineva apare prin teleportare în prezența ta, vor fi două lucruri care sunt cele două semne pentru tine: Iubirea Mea și Lumina mea. Înainte de a fi teleportat, Iubirea Mea și Lumina Mea manifestându-se prin tine, vor merge înaintea ta. La fel va fi și cu cei pe care îi voi aduce la tine. Dacă cineva merge cu mine cu adevărat, Iubirea și Lumina Mea vor apărea înainte ca să apară ei. Pe măsură ce te maturizezi vei putea distinge Iubirea Mea și Lumina Mea, de lumina întunericului și prezența întunericului." Zâmbind, a continuat, " Acum, scopul pentru care te-am adus aici. Uite-te la Exodul 35".

Citind Exodul 35 în această lume era cu totul o nouă experiență. Când m-am uitat la acel fragment, cuvintele au devenit vii și s-au ridicat de pe pagini. În timp ce priveam cuvintele devenind vii și ridicându-se de pe pagini, a apărut lângă mine un om. Era foarte robust, mic de statură și foarte puternic. Isus a dat din cap aprobator către acel om. M-am dat jos de pe Gibraltar să văd ce are acel om de spus. Era foarte amabil și afectuos. A vorbit cu o voce răgușită și s-a prezentat. A spus," Numele meu este Bezaleel, am fost trimis să te învăț o cale".

M-am uitat la Isus, dând din cap el a continuat, " El este Calea și aceasta este o cale. Ce am fost trimis să te învăț trebuie să vezi tu însuți. Așa că în aceste cuvinte este o viziune. Când Dumnezeu m-a umplut cu Spiritul Înțelepciunii și Spiritul Înțelegerii și Cunoașterii în toate lucrurile și meseriile, a luat din puținul pe care îl știam și l-a făcut perfect. Din tot ce am primit, majoritatea nici nu mi-am imaginat. Când acele manifestări ale Spiritului veneau peste mine, îmi revelau cum arată produsul finit. Mi-au dat pricepere să lucrez pas cu pas. Mi-au mai dat viziunea creativă și abilitatea de a crea folosind puținul știut și multul neștiut pentru a face lucrurile exact așa cum dorea Dumnezeu. Spiritul Înțelepciunii și Înțelegerii mi-au permis să îi învăț și pe alții să facă ce mi-a fost atătat. Nu era complicat. Domnul îmi arăta o viziune cu produsul finit și tot ce trebuia să fac era să îmi supun mâinile îndrumărilor date mie de către El, pas cu pas".

"Când cream unele lucruri, Domnul îmi arăta fiecare pas pe care trebuie să îl fac chiar înainte de a începe. Alteori îmi arăta ce trebuie să fac doar pas cu pas și trebuia să renunț la ce știam ca să urmez lucrul pur și nepângărit. Toate lucrurile pe care mi le-a dat Domnul funcționează împreună și nu aș fi putut termina lucrarea fără ca toate Spiritele să lucreze împreună. Ai căutat înțelegere și ai înțeles că înțelepciunea este nefolositoare fără înțelegere dar acum Domnul vrea să știi : când ai înțelepciune fără înțelegere, atunci trebuie să te oprești și să aștepți înainte de a acționa. Doar atunci când înțelepciunea și înțelegerea sunt echilibrate împreună, în coordinare cu ce ți-a arătat El, iese produsul final. Mulți oameni din timpul tău, au o viziune și încearcă să o realizeze din natura lor umană (carnalitate) și sfârșesc a face mai mult rău decât bine. Dacă ar fi fost ascultători și ar fi avut răbdare, acel rău nu ar fi apărut. Domnul dorește ca toate Spiritele să lucreze împreună în armonie. Când te-ai supus înțelepciunii Lui, înțelegerii, consilierii, puterii și cunoașterii, umblând în Frica de Domnul și fiind acoperit de Spiritul Lui Dumnezeu lăsându-l să lucreze în tine, atunci revelația produsului finit vine în timpul în care te gândești la el. Spiritul Domnului cel care oferă darul profeției, este poarta pentru restul Spiritelor divine, și în locul pe care ți l-am descris vei fi echipat să sfârșești viziunea cu care ai început. Va începe încet și va progresa de acolo. Imaginează-ți un pârâu sau un râu. Lucrarea în cele șapte spirite, va începe ca și apa până la gleznă. Apoi va continua până la genunchi, până la brâu într-un final vei începe să înoți. Pentru mulți oameni care nu se supun, dacă vor termina, le va trebui o viață întreagă doar să înceapă să-și împlinească destinul divin. Dacă ar fi să înțelegi un singur lucru, înțelege asta: așteaptă pe Domnul. Dacă te vei supune celor șapte spirite ale lui Dumnezeu, care sunt tutorii tăi, dacă permiți viziunii să vină și nu te grăbești atunci vei avea suficient timp să împlinești tot ce are Dumnezeu pentru tine".

I-am mulțumit lui Bezaleel și a dispărut.

Aveam un zâmbet pe buze și uitându-mă la Isus i-am mulțumit pentru tot ce făcea în mine și prin mine. Toate aceste experiențe făceau câteva lucruri în mine și prin mine, de care eram conștient. Primul lucru era vindecarea. Nu am înțeles niciodată cum poate iubirea să vindece, până când nu m-am uitat în ochii lui Isus pentru prima dată. Apoi aducea o creștere în intimitate care era însoțită de puterea revelației și înțelegerii. Nu în ultimul rând, îmi creștea capacitatea mea pentru El. Eram recunoscător și îi mulțumeam pentru toate astea. Revelația și Înțelegerea sunt puternice, de multe ori mai puternice decât putem noi acum cuprinde. Era aproape ca și când cu fiecare experiență eram promovat la un grad mai înalt de înțelegere și revelație. De multe ori noua revelație și înțelegere iluminau și făceau și mai puternică revelația și înțelegerea pe care le-am acumulat în trecut.

Domnul, în mod generos, m-a lăsat să reflectez în timp ce stătea lângă podiumul de aur. După ce am înțeles tot ce a fost spus, El s-a uitat la mine, " Vreau să îți mai explic ceva și apoi îți voi răspunde la întrebare."

Am râs în sinea mea pentru că încă nu îl întrebasem nimic, dar El știa că aveam o întrebare. Isus a continuat, " Îmi doresc ca toți sfinții mei să umble în plinătatea Duhului Sfânt. Mergi și spune oamenilor mei că nu e ceva ce am doar pentru câțiva aleși, ci este accesibil tuturor sfinților chiar la fel cum a fost disponibil pentru mine cand eram pe pământ. Oamenii spun lucruri ca " Asta e doar pentru câțiva" dau Eu spun – este pentru mulți."

"Acum să-ți răspund la întrebare, podiumul e din aur din două motive. În primul rând trebuie să înțelegi că reprezintă mai mult decât un podium. Este orice platformă unde oricine pretinde că vorbește în numele Meu; poate fi la servici, în sălbăticiune sau într-o clădire. Este de aur pentru că a devenit un idol în inimile oamenilor. Oamenii au idolatrizat podiumul (amvonul) și oamenii care stau în spatele lui în aşa mare măsură încât au uitat simplitatea Evangheliei şi ce înseamnă a avea o relaţie cu mine. În al doilea rând, podiumul este de aur pentru că atunci când îţi este permis să stai pe platformă în spatele podiumului sau pe stradă, vorbind oamenilor în numele Meu, fie că vorbeşti unui singur om sau unui milion de oameni, trebuie să vorbeşti dintr-un loc de revelaţie şi numai revelaţie. Prefer să vorbească un om sărac cu inima zdrobită, chinuit de remuşcări, dintr-un loc al iubirii, spunând numai 'Te iubesc' decât să ascult un om educat a cărui inimă nu îmi e dată, predicând un mesaj frumos. Sunt înfuriat şi Tatăl este sătul de oameni care folosesc Graţia ca şi scuză ca să facă ce vor şi apoi să încerce să stea într-un Loc Sfânt în Numele Meu."

"Această 'platformă' de a vorbi în Numele Meu, este sacră şi nu trebuie pângărită. Va veni pe pământ un timp când, dacă cel care stă pe această platformă vorbind în numele Meu nu umblă în neprihănire, va suferi aceeaşi soartă ca şi Anania şi Safira. Înţelege că motivul Meu în aceste lucruri este doar iubirea pură şi dacă se va întâmpla aşa va fi spre salvarea multora şi anihilarea a orice stă în calea iubirii. Frica de Dumnezeu îi va proteja pe mulţi de această soartă."

Am respirat adânc şi am spus, " Da Doamne. Chiar nu vreau să le spun oamenilor aceste lucruri, nu sunt deloc entuziasmat să o fac, dar o voi face. Le voi spune cu o atitudine bună. Ştiu că nu sună prea roz dar ştiu că este adevărul. Mulţumesc, o voi face şi dă-ne te rog mai multă Frică de Dumnezeu."

A dat aprobator din cap şi ca un desăvârşit gentleman a spus "Mulţumesc", după care a dispărut.

Imediat după ce a dispărut, am căzut pe genunghi şi am strigat, " Tată! Învaţă-mă căile Tale şi arată-mi cărările Tale. Descoperă orice lucru rău din mine. Purifică-mă şi curăţă-mă cu adevărul

Tău și condu-mă pe calea veșniciei!"

În acea clipă a EXPLODAT un foarte puternic răget de leu din spatele meu, din jurul meu și din interiorul meu. Era fără sfială, plin de putere, autoritate și glorie. A scuturat tot ce putea fi scuturat inclusiv pe mine și după aceea s-a așternut nemișcarea și liniștea. Chiar și Gibraltar fusese scuturat de răget. Îl cunoscusem pe Domnul ca Miel dar acum începuse să se descopere ca Leu.

Am șezut lângă podium și am început să reflectez la tot ce mi-a spus Domnul și în timp ce am început contemplarea, am intrat într-o altă viziune interactivă.

CAPITOLUL 9

"RÂUL"

Când viziunea s-a conturat, un râu liniștit, curgând ușor, a apărut în fața mea. Era limpede ca cristalul și nisipul din albie era nemișcat. Marginile râului erau acoperite cu iarbă, cu trifoi și presărat cu narcise. M-am uitat în sus și l-am văzut pe Isus vâslind spre mine într-o canoe de lemn cu trei locuri, care părea a fi călătorit mult și era construită solid. Părea a fi de lemn din Cedrii Libanului. Interiorul fusese șlefuit fin așa ca posibilitatea de a te răni în vreo așchie era foarte mică. Isus avea un zâmbet larg pe față și era foarte bucuros să mă vadă. Mi-a spus, " Sări în barcă și hai să mergem! Am venit să răspund rugăciunii pe care tocmai ai rostit-o și a mai multor dorințe pe care nu le-ai rostit încă!"

Am fost uimit nu numai de reacția imediată de a răspunde la rugăciune dar și de bucuria cu care Isus dorea să răspundă. Am fost foarte bucuros să sar în canoe cu El. Sub scaunul meu era o vâslă. Știind că este a mea am ridicat-o și cu ajutor, m-am așezat la locul meu și am spus, " Ok Doamne, hai să pornim."

Uitându-se înapoi la mine, privindu-mă direct în ochi, Isus a spus trei cuvinte pe care nu le voi uita niciodată. "Eu te iubesc."

Era mai mult decât puteam asimila. Venind de pe buzele Lui cuvintele erau un cântec de iubire. Sunau ca o armonie a naturii, cântând cu tandrețea intimității pe care doar un iubit adevărat poate să o știe. Cuvintele au pătruns blând până în cel mai adânc loc al sufletului meu, erau rostite cu sinceritatea eternității. Au ajuns și au atins o parte profundă din mine, care nici nu știam că există. Am pus jos vâsla și am plâns. Înțelegeam și aveam revelația IUBIRII dincolo de imaginație. Acest plâns venea dintr-o parte din mine care nu știam că are nevoie de iubire. Era plânsul unui suflet frânt în iubire și gratitudine. Văluri de rușine, mânie și tristețe erau rupte din adâncimile sufletului meu. Cântecul iubirii a adus vindecarea în locuri de care nu eram conștient, a adus restaurarea unor părți ale inimii fiind complet vindecate. Intensitatea Iubirii pe care o simțeam este greu de descris, voi spune doar că m-a vindecat și a spălat chiar și efectele pe care le-au avut asupra mea, acele răni; am fost făcut complet nou. În timp ce plângeam, Isus a început să vâslească în jos pe râul ce curgea lin și am fost mulțumit să îl las pe El să vâslească singur pentru un timp.

M-am oprit din plâns și uitându-mă la Isus l-am întrebat, "Regele meu, ce fel de râu sau ce râu este acesta?"

Mi-a răspuns blând, "Este Calea Păcii și Calea Păcii e ca un râu (Vezi Isaia 48: 16-22) Ai cunoscut pacea și ai avut un anumit grad de revelație a păcii, dar acum vreau să îți arăt ceva mai mult. Te-ai rugat cu cuvintele lui David când ai spus "Învață-mă căile Tale și arată-mi cărările Tale"(Vezi Psalmul 25:4)." De asemenea te-ai rugat ca și Profetul Ieremia când mi-ai cerut "Arată-mi cărările cele vechi și căile din antichitate (Vezi Ieremia 6:16)", și am început să ți le descopăr. Frica de Domnul este o cale veche pe care David a înțeles-o foarte bine. Acum vreau să îți arăt Calea Păcii, cum funcționează, și vreau să te familiarizezi cu prezența mea. Ai avut o înțelegere a neprihănirii care te va duce în acel Loc Umbrit de Pacea Mea, dar acum vei vedea cum toate căile mele sunt conectate. Frica de Domnul și Spiritul Fricii de Domnul sunt direct conectate cu Pacea.

Unde este Frica de Dumnezeu și Spiritul Fricii de Domnul, va fi pace și dacă vrei să înțelegi calea păcii, va trebui să începi să pătrunzi aceste două lucruri. Dacă ești curios să știi cum sunt conectate, uite-te la Romani 3: 17-18 și vezi că această cale a păcii nu este cunoscută pentru că nu există Frică de Domnul. Dacă vei medita asupra acestor lucruri, ai foarte mult de beneficiat. Aceasta este una din căile mele despre care te învăț chiar acum. Iată, acum trebuie să începi să o vezi."

În depărtare înaintea noastră am văzut un munte enorm. Era din piatră solidă şi era acoperit cu putere. Muntele părea atrăgător şi îi simţeam puterea chiar şi de la mare distanţă. Uitându-mă la el am înţeles că era Muntele Bucuriei şi calea păcii te va duce întotdeauna la el. Părea că râul trece direct prin mijlocul muntelui. Muntele nu era într-o parte sau la distanţă, ci era chiar în faţa noastră încălecând peste râu; am ştiut că trebuie să trecem prin el. Când am ajuns lângă munte, am văzut că râul păcii intra în el printr-o uşă. Era o uşă veche şi arăta ca şi uşa unei mine vechi. Uşa era bine construită, solidă dar veche, ca şi canoele. Când am trecut prin acea uşă am văzut că pe stâlpul uşii era scris "Salvare şi Deplinătate". Aceasta era intrarea în bucuria salvării şi intrarea în bucuria deplină.

Intrând mai adânc în munte cu Domnul vâslind credincios într-un ritm lent am ajuns într-un loc nesfârşit. Muntele bucuriei era infinit în toate direcţiile. Uitându-mă pe marginea râului puteam vedea un teren întins de pământ unde fuseseră săpate nişte fântâni măreţe. Fiecare fântână era de natură diferită dar înţelesesem deja că erau fântânile salvării şi ca să scoţi apă din ele trebuia să o faci cu bucurie (Vezi Isaia 12:3). Ştiam că nu aveam voie să ies din barcă dar voiam să cercetez acele fântâni. M-am decis să îl întreb pe Domnul mai târziu.

Uitându-se înapoi la mine în timp ce vâslea, Isus mi-a spus, "În muntele Bucuriei vei găsi primele două feluri de Pace. Aceasta este pacea pe care o cunoşti a fi Pace cu Dumnezeu care vine din salvare. Când eşti salvat treci din moarte la viaţă şi de la vrăjmăşie cu Dumnezeu la pace cu Dumnezeu. Aceasta este urmată de o bucurie de nedescris. Acum trebuie să trecem din Muntele Bucuriei într-un alt loc."

Ne-am aflat instantaneu de cealaltă parte a muntelui, vâslind.

Continuând în același ritm lent mi-a spus, "Este timpul să îți ridici vâsla și să începi să vâslești cu mine. În timpul care urmează este important să rămâi concentrat asupra mea și să fi în același ritm cu mine."

Mi-am ridicat vâsla și am constatat că era mai greu decât mi-am închipuit, să vâslesc în ritm cu El. Dacă vâsleam mai tare decât El, barca se întorcea; a fost puțin dificil la început. După un timp scurt am început să vâslim în același ritm și cu cât eram mai concentrat asupra Lui cu atât era mai ușor să vâslesc cu El. Continuând să lucrăm împreună, am început să vâslim din ce în ce mai repede. Deși apa curgea lin noi ne deplasam cu viteza fulgerului. Era foarte plăcut. Am parcurs o mare distanță într-un timp scurt.

Încetinind ritmul am observat că terenul din jurul nostru începuse să se schimbe. Nu văzusem prea mult din împrejurimi în timp ce eram concentrat asupra Lui, dar nu trebuia să fi geniu ca să observi că terenul devenea din ce în ce mai rău. În față era o furtună cumplită și totul în jur părea distrus. Nu era în râu și nu afecta râul dar era peste tot în jur. Râul nu mai era drept ci începuse să se curbeze și să se răsucească. Furtuna emana un sentiment puternic de frică, intimidare și o multitudine de alte rele. L-am întrebat pe Domnul despre furtună și ce era; mi-a răspuns, " Se numește viață. Este un sezon în timpul vieții, prin care trece orice om care trăiește pe pământ. Cea mai arzătoare speranță a mea este ca în timpul vieții să începi să înțelegi și să umblii în cel de-al doilea fel de pace. Ți-am explicat Pacea Cu Dumnezeu dar în timpul furtunilor cum e cea din fața noastră vreau să înțelegi Pacea Lui Dumnezeu. Este vital pentru a supraviețui. Pacea Cu Dumnezeu te salvează; Pacea Lui Dumnezeu te păstrează."

Când am intrat în furtună m-am uitat în jur și am văzut doar pură distrugere, corupție, torente de orice lucru rău, fărădelege și pofte rele. Erau: urâciuni sexuale peste tot, certuri care distrugeau familii, decizii de afaceri și parteneri care erau greșite și se terminau rău, oameni având orgii religioase, oameni vorbind despre Dumnezeu cu un colț al gurii și mințind cu celălalt, copii mici tratați rău, catastrofe subite, oameni murind prematur, oameni mergând din ușă în ușă solicitând pentru agenții care erau ale diavolului, televiziuni și stații de știri care emiteau minciuni, planuri sinistre erau urzite și se împlineau, erau atât de multe lucruri oribile, încât ar trebui cărți și volume ca să le conțină pe toate. Eram îngrozit. M-am simțit corupt, violat, rușinat, și total copleșit.

În timp ce mă uitam la toate acestea, am auzit o mică șoaptă în ureche. Suna ca Domnul dar nu eram foarte sigur. Întorcându-mă în direcția din care venea, am auzit-o mai clar. Spunea în cea mai ușoară șoaptă, "Vin-o înapoi în barcă, Eu sunt în ea, și suntem acolo unde ne-ai lăsat."

M-am uitat în jos și am văzut că nu mai eram în barcă; eram în mijlocul a tot ce am descris și începuse să mă afecteze nu numai emoțional ci și fizic. Am fugit spre mal.

Imediat cum am ajuns la mal, m-am suit în barcă, m-am uitat la Domnul și l-am întrebat, " Ce s-a întâmplat?"

Înainte de a-mi răspunde, pacea a reintrat în viața mea din nou și trupul meu a fost vindecat; asta a fost plăcut. S-a uitat la mine serios și mi-a spus, " Ai uitat ce ți-am spus acum câteva momente. Păstrează-ți atenția asupra Tatălui. Singurul fel în care un om poate trece prin această lume este concentrându-se asupra Tatălui. Nu numai că ai pășit în afara Căii Păcii, dar ai ieșit voluntar și din Frica de Domnul și ăsta nu e un loc sigur. Te conectezi la ce te concentrezi. Înțelege că mare parte a vieții tale pe pământ e dictată de gândurile tale și de lucrurile cărora le dai atenție. Dacă te concentrezi pe lucruri oribile și negative, te vei conecta cu ele și făcând asta, atragi mai multe de același fel. Nu spun că unele din aceste lucruri nu ți se vor întâmpla, dar spun că atunci când ți se întâmplă, ai de ales. Poți vedea și trăi toate aceste lucruri și să îți păstrezi atenția asupra mea. Pretinzând că nu sunt reale, nu ajută. Trebuie să crești și să te maturizezi până acolo încât realizezi că și atunci când toate astea se întâmplă, eu sunt în control. În clipa în care realizezi asta, vei putea vâsli prin viață în pace cu Frica de Dumnezeu. Îți vei întoarce inima spre mine și îți vei menține atenția asupra mea, indiferent de cât de orb sau departe de mine te simți, sau vei permite circumstanțelor să te acapareze și să te depărteze de mine? Barca va fi tot timpul acolo unde ai lăsat-o. Râul e răsucit dar e o cale sigură care te va duce direct acolo unde sunt eu și unde vreau eu să mergi. Uneori poate ca omului să i se pară că merge în direcție greșită, dar te asigur că este o cale perfectă. Cheia este: chiar dacă treci prin toate aceste lucruri, poți să fi cu mine în această barcă, întreaga călătorie."

Privind înainte am avut o perspectivă complet diferită. Ochii mei și atenția mea s-au schimbat. Am văzut toate lucrurile pe care le-am descris mai sus, dar Slava lui Dumnezeu, Puterea și Iubirea care emanau din El, erau cu mult mai mari decât orice dezastru. Privindu-mă din nou mi-a spus, "Câteva din evenimentele pe care le-ai văzut și multe din dezastrele care le trăiesc oamenii mei se pot defini cu un singur cuvânt- Sămânța."

M-am întors și mi-am ridicat vâsla din nou. Am văzut că nu avansasem mai mult de trei metri de când intrasem în furtună. Am înțeles că pentru a progresa prin furtună, trebuie să vâslesc cu El. Dacă nu vâslesc cu El atunci progresez foarte puțin, și dacă nu îmi mențin atenția asupra Lui atunci nu progresez deloc. M-am așezat în poziție, gata să vâslesc și am spus, " La cuvântul Tău, Doamne."

El a spus, "Hai să pornim," și am pornit din nou cu același ritm ușor în care începusem. Acum atenția mea era asupra Lui mai mult ca niciodată și chiar dacă totul în jur era distrugere, slava care venea de la El era mult mai mare. Pentru mine nu prea conta dacă mergeam încet sau repede. Progresând printre cotituri am decis în sinea mea să nu mai ies niciodată din barcă fără Isus.

După ce am vâslit în josul râului pentru un timp lung, terenul s-a schimbat din nou, de data asta în bine. În timp ce se schimba, am realizat ce spusese Isus ceva mai devreme. Puteam să mă uit în jur să văd ce se întâmplă în timp ce atenția mea era concentrată asupra Lui așa cum făcusem în Muntele Bucuriei. Această revelație era mai liniștitoare decât orice. Uitându-mă la terenul din jur, puteam simți un lucru mai puternic decât orice. Era Cunoștința; sau acest loc era plin de Cunoștință divină, eram pe punctul de a primi Cunoștință, totul în acest loc avea mai multă Cunoștință, sau toate cele de mai sus.

M-am întors și, privind înainte, am văzut că Isus nu mai era cu mine în barcă. Am decis că într-un loc ca acesta, asta nu poate fi un lucru rău. Apoi am realizat că, deși nu puteam să îl văd pe Isus, asta nu însemna că nu era acolo. Am continuat să vâslesc. M-am uitat înainte în acest loc al Cunoașerii și am văzut măreție și slavă. Încă o dată Frica de Dumnezeu a devenit foarte puternică. În timp ce continuam să vâslesc, am știut că voi veni în contact cu Isus și în mod specific cu Spiritul Cunoașterii și Spiritul Fricii de Dumnezeu, lucrând împreună pentru a aduce revelație. Mai știam că revelația va fi despre Dumnezeire și va fi rostită cu multă autoritate.

Slava a devenit din ce în ce mai puternică, până când am fost complet scufundat în ea. Cuvintele nu pot descrie nivelul de slavă pe care îl trăiam. Singurele adjective care s-ar potrivi sunt, fulgerătoare, total autoritară, aur, putere, dragoste imensă, reverență deplină. Puteam să îmi văd spiritul strălucind prin armură și robă.

Privind înainte am putut vedea niște trepte care duceau la un tron.

Când am pășit spre tron, totul în jur s-a schimbat instantaneu. Nu mai eram în râu ci în sala tronului. Erau șapte trepte până la tron și Domnul Isus era asistat de o mulțime de îngeri glorioși. Nu am îndrăznit să ating prima treaptă. Nu puteam să îmi imaginez ce s-ar fi întâmplat dacă aș fi făcut-o fără permisiunea Lui. Spiritul Fricii de Domnul era atât de puternic încât nu am putut și nu am îndrăznit să vorbesc până nu mi s-a spus să o fac. Acesta era un loc Sfânt, plin de slavă și plin de prezența lui Dumnezeu. Domnul avea în mână un sceptru măreț și când m-am apropiat și am îngenunchiat înaintea Regelui Regilor, El a întins sceptru și a spus, "Vin-o Joseph."

Când am urcat și m-am apropiat de El, mi-a spus, "Joseph, m-ai cunoscut ca prieten și acum m-ai văzut ca Rege al Regilor. Mi-ai cerut să mă vezi ca Rege al Regilor și mi-ai cerut să îți acord ungerea ca rege dar îți spun că poți să îmi ceri mai mult. Acum, spune-mi cererile tale."

Deschizându-mi inima în totalitate dar folosind cât mai puține cuvinte posibil, am spus, "Doamne vreau să știu cum inima Ta, inima Tatălui și inima Duhului Sfânt sunt una. Vreau să mai știu și ce este în inima Ta. Vreau să cresc și să mă maturizez în relația mea cu Tatăl, cu Tine și cu Duhul Sfânt."

Privindu-mă cu multă grație în ochi, mi-a răspuns, "Ai cerut bine, Eu sunt blând și smerit în inimă. Închide ochii."

Platoşa Neprihănirii

Chapter 10

"PLATOŞA NEPRIHĂNIRII"

După ce am ţinut ochii închişi o bună bucată de vreme, am fost înconjurat de o senzaţie jucăuşă. Am auzit râsete şi m-am emoţionat ca niciodată. Acest sentiment era pretutindeni. Isus, ca cineva care îmi pregătise o petrecere surpriză de ziua mea, mi-a spus, "Ok, deschide ochii." Când am deschis ochii am fost complet conştient cu toate simţurile mele că mă aflam într-un loc larg, ale cărui margini nu le puteam vedea. Era un loc fără tavan şi fără pereţi. Podeaua era dintr-un material maro foarte moale şi dedesubt era o substanţă albă, tare ca şi cimentul. Camera mirosea a materiale noi ca şi când podeaua tocmai fusese terminată.

Emoţiile veneau de la Duhul Sfânt care dansa jucăuş şi de la Isus care era entuziasmat să fie cu mine. Jocul 'Jacks' se afla în faţa mea, pregătit ca cineva să se joace. M-am uitat în sus şi l-am văzut pe Isus, cu o sclipire în priviri şi un zâmbet larg mi-a spus, "Tu eşti primul."

Am lovit podeaua cu bila şi am întins repede mâna spre Jacks, Am fost surprins să constat ce am ridicat. M-am uitat şi în mână aveam aproape opt milioane de Jacks. Literalmente. Nu pot să explic cum s-a întâmplat, dar erau acolo. M-am uitat la Isus şi El a început să râdă. Atunci am început şi eu să râd şi amândoi ne-am tăvălit pe jos râzând isteric. Am râs aşa de mult şi de tare încât durea. Când ne-am liniştit, El s-a uitat la mine chicotind şi mi-a spus, "Vin-o cu mine."

Mergând cu El am ajuns la un lift. Liftul a coborât din cer şi era din nori de un cenuşiu deschis. Axul liftului era din nori albi, pufoşi, care păreau a fi o amestecătură de vată de zahăr şi mingi de vată. Curios, mi-am trecut mâna prin ei şi am aflat ce ştiam deja, norii au apă în ei. Imediat după ce mi-am şters mâna udă de robă, liftul a sunat scurt și s-a aprins o lumină verde indicând în sus. Ușa s-a deschis și ca un gentleman perfect, Isus m-a poftit să intru primul. După ce am intrat în lift m-am uitat în jur și am văzut că era un singur buton. Pe buton scria "Imaginație". Era situat pe partea stângă ca și în orice lift dintr-un hotel, Isus a apăsat butonul și ușa s-a închis. M-am uitat în afară și am văzut că liftul era împins în sus de patru îngeri. Când eram pe la jumătate, Isus a dispărut și când am ajuns sus ușile s-au deschis și am pășit afară pe nori.

Privind înainte din nor am văzut o inimă care părea să fie cam de patru ori mai mare decât pământul. Era conectată cu tot ce era viu și bătea cu toată puterea. În timp ce priveam am înțeles că era inima Tatălui, inima Fiului și inima Duhului Sfânt lucrând și operând în uniune. Eram copleșit privind acea inimă imensă, știind că toate cele trei persoane ale Dumnezeirii erau unite, lucrând împreună; atunci imediat l-am întrebat ceva pe Domnul. L-am întrebat care este cea mai neglijată parte a inimii Lui și l-am rugat să mă ducă acolo ca să o pot iubi. După ce am întrebat, am auzit o voce tunând prin eternitate compusă din Tatăl, Fiul și Duhul Sfânt vorbind în armonie, împreună cu o singură voce a iubirii: " Joseph, ai pus o întrebare excelentă. O întrebare și mai bună care descoperă TOATĂ inima noastră în același timp cât și nevoile noastre, este 'Ce este în Inima Noastră?' "

L-am întrebat pe Domnul ce este în inima Lui și imediat acea inimă gigantă a celor trei în unul, s-a transformat în miliarde de fețe. Erau fețele tuturor copiilor Lui din trecut, prezent și viitor, toți în același timp. Nu exista timp în acest loc, de fapt acest loc era în afara timpului și trecutul îndepărtat era la fel de accesibil ca și viitorul apropiat și eu eram acolo acum. Când mă minunam de tot ce vedeam, trinitatea mi-a vorbit din nou scurt " Dacă vrei să mergi undeva în inima noastră doar gândește-te la acel loc și vei fi acolo." Având puțină înțelegere despre asta în trecut, primul meu gând a fost stânga sus.

Instantaneu m-am aflat în partea stângă de sus a inimii lui Dumnezeu și eram înconjurat de oameni. Uitându-mă la acești oameni puteam vedea de unde veneau și exact unde se duceau precum toate celelalte căi. Erau alte căi pe care le puteau lua dar puteam vedea foarte clar pe care o vor alege și de ce. Puteam vedea de ce au ales calea pe care erau. Am fost cuprins de o mare milă și iubire pentru oamenii lui Dumnezeu. Cel mai important era că puteam vedea cum inimile Tatălui, Fiului, și Duhului Sfânt lucrau împreună în viețile fiecărui om și cât de mult avea Domnul nevoie de oamenii Lui.

După ce am privit toate astea pentru un timp ce părea o eternitate, m-am gândit la locul de unde am pornit, de pe acel nor și m-am aflat din nou acolo instantaneu. Când m-am uitat la inima de fețe am văzut o ușă care s-a deschis la baza inimii, prin care ieșea o lumină albă puternică plină de slavă. Am întrebat Trinitatea ce reprezintă acea ușă și mi-a explicat în foarte puține cuvinte dar de o claritate perfectă. Din nou cei trei au vorbit ca unul și au spus, "Când iubirea se manifestă, apare sub formă de lumină. Tu ești ușa."

Înțelegerea m-a inundat din nou: toți copiii lui Dumnezeu sunt uși ale inimii Lui și una din căile care Îi aduc mare plăcere este să se manifeste, să se descopere prin copiii Lui. Nu e de mirare că a doua comandă este să îți iubești aproapele ca pe tine însuți. Aproapele tău este o ușă spre inima lui Dumnezeu și el este de fapt în inima lui Dumnezeu. Toți copiii lui Dumnezeu sunt uși de intrare în inima Lui. Am înțeles de asemenea 1 Ioan 5:1-3 care spune,

"Oricine crede că Isus este Hristosul este născut din Dumnezeu; și oricine iubește pe Cel ce L-a născut, iubește și pe cel născut din El. Cunoaștem că iubim pe copiii lui Dumnezeu prin aceea că iubim pe Dumnezeu și păzim poruncile Lui. Căci dragostea de Dumnezeu stă în păzirea poruncilor Lui. Și poruncile Lui nu sunt grele."

Deci sunt două direcții. Dacă noi credem că Isus este Domnul atunci suntem născuți din Dumnezeu. Dacă suntem născuți din Dumnezeu atunci îl iubim pe Isus. Păzindu-i poruncile și iubindu-L pe Tatăl, îi iubim copiii și iubindu-i copiii deschidem o ușă de intrare în Inima Trinității prin Duhul Sfânt. Iubirea de Dumnezeu este păzirea poruncilor, și cum spune Ioan în 14:21-23 dacă îl iubim pe Isus și îi păzim poruncile atunci Isus se va manifesta în fața noastră. Mai spune că Isus și Tatăl vor locui cu noi. Wow.

Am îngenunchiat pe nor și am uitat de tot ce era în jurul meu și am început să îi mulțumesc Domnului din toată inima. Gratitudinea, Iubirea și multe mulțumiri mi-au copleșit vocea și cuvintele. Ce onoare avem să servim un Dumnezeu atât de minunat. Închinându-mă înaintea prezenței Lui cu lacrimi plânse din pură iubire în timp ce mă uitam adânc în inima Lui, a fost cea mai profundă trăire pe care am avut-o. Îmi era imposibil să măsor timpul în acel loc așa că după ani, zile, ore, minute sau oricât ar fi fost, am închis ochii și m-am aflat imediat înapoi în barcă, mergând mai departe pe rău cu Isus vâslind în fața mea.

Nu puteam înțelege cum putea să mai existe ceva mai departe de locul în care tocmai fusesem; crezusem că am ajuns la capăt. Într-un fel, venind din acel loc și întâlnindu-L pe Domnul în acel fel, a deschis mai mult tot ce urma. Simțeam Duhul Sfânt zâmbind. A spus, " Nu gândi prea mult și nu deveni prea analitic ca să nu ajungi să privești cruciș. E un lucru bun să analizezi dar nu lăsa asta să te oprească să crezi și să accepți ce este."

Am hotărât în sinea mea că, deși probabil nu am înțeles tot ce a spus Dumnezeu, El mă va ajuta să înțeleg pe deplin la timpul potrivit. Mergând mai departe pe râu am ajuns la un loc de oprire. Știam că e timpul să ne odihnim. Am vâslit spre malul nisipos și am alunecat în sus până ne-am oprit pe nisip. După ce am ieșit din barcă eu și Isus am găsit un loc confortabil și ne-am întins pe nisip. Stăteam pe spate unul lângă altul. Zâmbind Isus mi-a spus, " Odihnește-te, ne vedem mâine." Alungându-mi gândurile am intrat într-o pace liniștitoare și am adormit imediat.

M-am trezit după multe ore și Isus era încă întins lângă mine. După ce am căscat și m-am întins, am zâmbit și m-am delectat în pacea și odihna pe care numai Domnul le poate aduce. M-am uitat la Isus și El încă se uita la cerul înnorat. Când m-am uitat spre cer, mi-a spus, "Am un alt dar pentru tine. Te va ajuta pe calea care o ai de parcurs de acum. Înainte să te ridici trebuie să îți explic câteva lucruri. În primul rând vreau să te învăț cum lucrează Înțelepciunea. Dorința Duhului Sfânt este să îți descopere toate lucrurile în ceea ce privește Înțelepciunea. Eu sunt întruchiparea și iubirea Înțelepciunii și Tatăl este sursa întregii Înțelepciuni. Dacă 'Înțelepciunea' care ți se vorbește nu are în ea inima Duhului Sfânt, inima Mea și inima Tatălui și nu ți se descoperă prin iubire atunci, chiar dacă în aparență pare înțelepciune, nu e Înțelepciune care vine de sus. În Iacov 3:17 spune,

" Înțelepciunea care vine de sus este, întâi, curată, apoi pașnică, blândă, ușor de înduplecat, plină de îndurare și de roade bune, fără părtinire, nefățarnică."

Următoarea propoziție e cea pe care vreau să o înveți. Iacov 3:18 spune,

" Și roada neprihănirii este semănată în pace pentru cei ce fac pace."

"E important să știi că fructul neprihănirii despre care am vorbit aici, nu este fructul Duhului Sfânt descris în Galateni. Fructul neprihănirii despre care vorbesc aici este cel descris în versetul precedent. Este înțelepciune de sus. Pe măsură ce continui să înțelegi că în Mine ești Neprihănit atunci înțelepciunea va fi adăugată în viața ta și va fi semănată în tine în pace. Și tu trebuie să semeni înțelepciune de sus în copiii mei, în pace. Binecuvântați sunt cei care fac pace, ei vor fi numiți copii ai lui Dumnezeu. Dorința mea este ca toți copiii mei să umble în Neprihănire și să devină conștienți de prezența mea."

Oprindu-se pentru un moment pentru a permite cuvintelor să pătrundă în mine, Isus mi-a zâmbit din nou. Apoi a continuat, "Grația și Pacea să fie cu tine și în tine în timp ce îți continui călătoria. Acum du-te."

Domnul a dispărut și când m-am ridicat, m-am uitat înapoi. Erau dune de nisip de trei metrii înălțime cu iarbă în spatele lor. Mergând spre ele am văzut o cărare nisipoasă între două dune, ducând la porținuea cu iarbă. Cărarea avea pe margine, ziduri de ciment și când m-am apropiat am văzut o piesă de armură rezemată de zidul din dreapta. Era o platoșă. Am examinat acea platoșă și am ridicat-o. Platoșa era ușoară ca fulgul, era din aur și era indestructibilă. În fața ei avea gravat "Neprihănirea Lui". Am pus-o pe mine și mi se potrivea perfect. În timp ce îi admiram frumusețea am simțit un vânt ușor care bătea din spate. În acest punct al călătoriei am realizat că: Domnul poate fi și în cel mai mic lucru, chiar și în cel mai ușor vânt. Am învățat să mă uit și să ascult în momente ca acesta, pentru că Domnul vorbește întotdeauna. M-am așezat în timp ce vântul continua să bată, și am spus, "Da Doamne?"

Vocea Duhului Sfânt a venit cu gingășia unui copil, "Sunt așa de mândru de tine. Ai trecut cu bine prin toate și ai ajuns atât de departe. Ești iubit și apreciat. Sunt pajiști înaintea ta care se numesc Pajiștile Gloriei. Odihnește-te în ele și fi refăcut. Puterea ta de a-ți da seama de anumite lucruri a crescut foarte mult. Pe măsură ce ești tot mai conștient de Dumnezeu, crește slava și gloria pe care le trăiești. Puritatea inimii este esențială ca să intri în acest loc. Numai cei ce caută adevărul și iubesc adevărul pot intra în această slavă. Cei cu inima pură iubesc adevărul și fug după el."

M-am ridicat și i-am mulțumit Domnului pentru grația care mi-a fost dăruită. Nu începusem să merg spre acele pajiști și deja le simțeam prezența. În timp ce simțeam gloria și slava divină am început să îi mulțumesc Domnului și mai mult pentru grația extinsă mie gândindu-mă la amploarea depravării mele. Am înțeles că a avea o conștiință neprihănită nu constă în a-ți ascunde depravarea în spatele unui zid fals, pretinzând că nu există. Este înțelegerea faptului că în mijlocul depravării spiritul tău este neprihănit înaintea lui Dumnezeu pentru că tu ai neprihănirea lui Dumnezeu ÎN HRISTOS. Aceasta este neprihănirea care ni se atribuie prin salvare. Neprihănirea Lui. Am mai înțeles că o parte din a umbla pe această cale este să începi zilnic să cedezi părțile depravate ale minții, voinței și emoțiilor, ca să începi să intri în procesul de sanctificare care a fost sfârșit pe cruce. Cedând zilnic Lui părțile tale depravate, îi permit Lui să răscumpere acele părți pentru a ieși la iveală cine și ce ai fost cu adevărat creat să fi. Acele părți ale minții, voinței și emoțiilor nu mai au efect asupra cine și ce ești tu cu adevărat în spirit. Când sunt vindecate, lumina perfectă a lui Hristos din tine (care există împreună cu spiritul tău perfect neprihănit) va începe să invadeze sufletul tău în acele arii unde nu putea pătrunde înainte. Cedând (repede) zonele care sunt depravate în acord cu grația divină dată nouă și de care se ocupă Domnul în mod specific, se numește a umbla în lumină revelatoare. Aceasta este de asemenea Neprihănirea Lui lucrând în tine. Neprihănirea umblă în lumină. Prezența Lui e cea care împlinește aceste lucruri și revelația în prezența Lui este cea care ne reînnoiește și ne transformă.

Mulțumit, am mers mai departe și am ieșit din zona de ciment într-un spațiu foarte vast. În fața mea se afla un deal mare care, gradual se ridica peste treizeci de metrii. Știam că de cealaltă parte a dealului se află Pajiștile Gloriei. Mergând spre deal am simțit prezența Pajiștilor Gloriei din ce în ce mai puternic. Pe măsură ce prezența gloriei (slavei) umplea atmosfera, se așternea o liniște adâncă. Cu puțin înainte de a ajunge în vârf și a putea vedea ce este de cealaltă parte, m-am oprit plin de uimire. Era o liniște perfectă. Nu erau păsări ciripitoare, nu se auzeau albine care să zumzăie, nu era nici o muzică ci era o liniște perfectă și o pace care depășește înțelegerea. Era atâta liniște și pace încât am încercat să fac cât mai puțin zgomot. Am îngenunghiat și m-am târât pe burtă spre vârful dealului în liniște perfectă ca să pot vedea ce este de cealaltă parte a dealului.

Dealul pe care mă aflam era mult deasupra pajiștilor situate în vale. Cercetând văile și dealurile de mai jos am putut vedea pajiști. Slava lui Dumnezeu și Duhul Sfânt le acopereau și pluteau deasupra lor. Uitându-mă mai cu atenție în Pajiștile Gloriei am înțeles de ce Gloria lui Dumnezeu plutea deasupra lor. Erau câmpuri ale supunerii. Întinse pe toate Pajiștile în formație perfectă erau mări de ființe și creaturi stând întinse cu fața în jos în închinare și adorație pentru Tatăl. De zece mii de ori zece mii erau perfect organizați întinși pe pământ înaintea Tatălui într-o liniște completă, în supunere completă și cu multă smerenie.

În timp ce stăteam acolo uimit de ceea ce vedeam, am închis ochii și imediat am putut vedea mult mai clar. Peisajul din fața mea a fost mărit la un nivel mult mai mare decât înainte, și Isus stătea în fața mea îmbrăcat ca Înalt Preot. Avea în mâini o coroană care era diferită de tot ce văzusem până acum. Când m-am uitat la coroana din mâinile Lui am constatat că își schimbă forma rapid de la o formă la alta pentru ca să revină la forma inițială. Prima dată era o Coroană a Gloriei apoi o Coroană de Spini și iar Coroana Gloriei. Acest proces se repeta continuu.

Privindu-mă cu grație și milă mi-a spus, " Aceasta este Coroana Gloriei și Coroana Suferinței. Este amândouă în același timp și i-am ales pe mulți să o poarte. Când umbli cu mine vei fi respins de multe ori. De fiecare dată când ești respins să știi că este un semn al alegerii tale. Când ești respins și suferi pentru cauza Evangheliei vei primi o coroană a gloriei și vei începe să înțelegi cu adevărat supunerea. Mai ești chemat să fi Preot Sfânt care oferă sacrificii spirituale Tatălui. Eu am fost respins de toată lumea, chiar și de cei mai apropiați discipoli, și în acea respingere am putut fi ridicat pe locul cel mai înalt. În timp ce porți această coroană cu inima în postura pe care o vezi în spatele meu (se referă la cei închinați pe pajiștile gloriei), continuând permanent să te apropii de prezența Duhului Sfânt, vei deveni o piatră vie. Pietrele vii devin pietre vii ca rezultat al infuziei de viața a Duhului Sfânt care se petrece în prezența lui Dumnezeu, și privindu-mă pe Mine. Privindu-mă pe Mine în prezența divină, nu numai că vei fi transformat dar îți va crește capacitatea de a purta mai multă prezență divină. Umblarea ta cu Mine va fi mai sus și vederea ta va fi mai clară. Când devii o piatră vie conectată la Piatra din Capul Unghiului (Eu) vei privi cu o inimă plină de gratitudine cum ești construit într-o casă spirituală."

"Acum înțelege aceste cuvinte din ale lui Petre din 1 Petre 2:4-6 : 'Apropiați-vă de El, Piatra vie lepădată de oameni, dar aleasă și scumpă înaintea lui Dumnezeu. Și voi, ca niște pietre vii, sunteți zidiți ca să fiți o casă duhovnicească, o preoție sfântă și să aduceți jertfe duhovnicești, plăcute lui Dumnezeu, prin Isus Hristos. Căci este scris în Scriptură: "Iată că pun în Sion o Piatră din capul unghiului, aleasă, scumpă; și cine se încrede în El nu va fi dat de rușine."

Când mi-am deschis ochii, Isus era încă înaintea mea și peisajul era același. Nu era la fel de clar cum fusese când aveam ochii închiși. Intrigat, mi-am închis din nou ochii. Din nou, peisajul era aproape perfect. Zâmbind, am deschis din nou ochii. Isus era în fața mea zâmbind și El. Făcându-mi semn cu mâna, mi-a spus, '' Vin-o, vreau să îți arăt un pod. ''

M-am ridicat de pe genunchi și am mers cu Isus în jurul Pajiștilor Gloriei. Aroma care venea din acele pajiști era plăcută simțurilor mele. M-a uimit faptul că acest sacrificiu spiritual a unei inimi supuse are o anumită aromă. Lumina emanată de Isus era perfect albă. Isus, încă zâmbind, nu a spus nimic.

Încălțămintea

CAPITOLUL 11

"ÎNCĂLȚĂMINTEA"

La distanță am văzut din nou indicatorul de care trecusem ceva mai devreme. Isus stătea lângă mine și m-am uitat din nou la indicator cu atenție. Am văzut indicatorul spre Fântână, spre Valea Regilor, spre Pădure și altele dar de această dată știam ce caut. Îndreptat în direcția opusă Pădurii era un indicator pe care scria " Podul". M-am uitat la indicator apoi la Isus a cărui față exprima liniște și fermitate. Am spus, "Hei, hai să mergem la Pod." Isus a zâmbit.

Duhul Sfânt a intervenit, "Splendid!"

E greu să surprinzi atotcunoașterea. Cu zâmbete pe fețele noastre ne-am îndreptat spre "Pod". În timp ce mergeam, Isus a început să îmi vorbească spunând, "Vreau să știi că intenționat am ascuns de cei înțelepți și chibzuiți, multe din lucrurile pe care le-ai văzut. De asemenea să știi că am început deja să le dezvălui oamenilor care au credință de copil. Cheia intrării și progresului în acest realm al relației cu divinitatea este credința de copil. Credința de copil funcționează prin iubire."

Privind în sus am văzut un om venind înspre noi. Părea să fi călătorit pe acest drum destul de des. Era îmbrăcat în haine de la începutul secolului douăzeci și nu părea să se grăbească deloc. Pe măsură ce se apropia, părea că nu se va opri în dreptul nostru. Am observat că avea o mustață caraghioasă și era evident că avea ceva foarte important de făcut. Când era la vreo 3 metrii de noi, a spus " Bună ziua. Isus a transformat apa în vin și prin credință eu am transformat la fel ceva în petrol. Crede doar." Trecând prin stânga mea, a dispărut.

Isus a zâmbit,"El a înțeles credința de copil."

Am continuat mai departe pe cărarea spre pod. În fața noastră am văzut un butuc de copac pe care se afla o pereche de pantofi. Butucul era cam de șaptezeci de centimetrii în înălțime și peste un metru grosime, cu rădăcini care intrau în pământ, împrejur. Încălțămintea nu era deloc cum m-aș fi așteptat. Era o pereche de pantofi albi simpli ca și pantofii de tenis, cu suport pentru arcuri, cum se poartă. Confuz, m-am uitat la Isus, "Mă așteptam să văd ceva scris pe ei sau să descopăr ceva referitor la pace."

Zâmbind blând, mi-a răspuns. "Revelația nu constă în încălțăminte. Sunt doar niște pantofi. Revelația vine în timp ce continui să îi porți zi și noapte. Încalță-te cu ei dimineața când te trezești dar mai ales seara, înainte să adormi. Dacă în timpul zilei îi pierzi, oprește-te din ceea ce faci și imediat încalță-i din nou. Ți-am împărtășit revelația despre această încălțăminte mai devreme pe Râu, când ți-am vorbit de pacea lui Dumnezeu. Suntem demn de încredere și în control, trebuie să te supui."

Privind în jos am observat ca aveam o astfel de încălțăminte deja în picioare. Am decis să las acea pereche acolo pentru cel care i-a lăsat acolo. Dincolo de butuc drumul se despărțea în trei și acolo era un indicator mare. Pe indicator scris " Și aceste trei rămân" Cărarea din stânga era marcată "Credința" cea din mijloc "Speranța" și cea din dreapta "Iubirea".

Primul meu gând a fost "Aceste variante sună mult mai bine decât variantele din care a trebuit să aleg când eram în Pădure." M-am uitat spre Isus și l-am întrebat pe care drum trebuie să pornim.

"Privește", mi-a răspuns.

Când m-am uitat la căile Credinței, Speranței și Iubirii, deodată întregul peisaj s-a schimbat și cele trei căi au devenit una. Când cărările au devenit una, am știut că singura cale era presărată cu așteptări pozitive și mulțumiri. Uitându-se la mine, Isus mi-a spus, " Când începi să mergi cu mine prin grație și îmi permiți să te transform, aceste trei cărări vor începe să devină una în viața ta. Când începe acest proces "ceea ce este perfect" va veni și se va manifesta prin tine din ce în ce mai mult și nu vei mai vedea doar în parte. Vei vedea întregul. Armura falsă care vine de la Copacul Cunoașterii Binelui și Răului va cădea și armura luminii va începe să te protejeze. Începutul acestei armuri ți-a fost descoperit în această călătorie. Scutul și toate piesele armurii simbolizează lumina revelată care te protejează de întuneric. În Romani 13:12 scrie,

" Noaptea aproape a trecut, se apropie ziua. Să ne dezbrăcăm, dar, de faptele întunericului și să ne îmbrăcăm cu armura luminii."

Adevărata armură este făcută din lumină. Are legătură cu multe lucruri dar cea mai mare este iubirea. Lumina pe care o vezi ieșind din mine este armura perfectă. Este iubire și e de un alb pur. Vei vedea gratitudinea de culoare intens roșie, și altele de care nu pot să îți vorbesc acum. Vei vedea de asemenea lumina speranței și lumina credinței. Toate au culori diferite dar iubirea e cea mai mare. Ai grijă să nu confunzi lumina întunericului cu lumina cea bună și asigură-te că lumina din tine nu e întuneric."

Am privit în depărtare dincolo de calea cea unică. Puteam vedea podul. Isus a continuat blând, " Ceea ce este perfect se întâmplă atunci când mintea ta și gândurile tale se aliniază la Mintea lui Hristos din tine. Progresezi până la un punct unde mintea ta e transformată și nu va exista nici o piedică între mintea ta și Mintea lui Hristos. Tu deja ai Mintea lui Hristos. Când ajungi într-un loc de compatibilitate cu Spiritul unde nu există nici o piedică între mintea ta și Mintea lui Hristos, vei începe să fi ca și Mine. Realmul lucrărilor și mai mari se va deschide și într-adevăr, Fii lui Dumnezeu se vor manifesta."

Tonul Lui s-a schimbat devenind poruncitor, " Fi puternic și curajos și nu te teme de ceea ce vine pe pământ. Duhul Sfânt te va călăuzi. Eu sunt Leul și Mielul. Leul cucerește dar Mielul primește putere, onoare, glorie, binecuvântări, bogății, înțelepciune și forță."

Mergând pe calea unică împreună cu Domnul a fost glorios. Expectativa și gratitudinea de-a lungul căii, emanau din toată creația. Începuseră să ne împingă pe cale din ce în ce mai repede. Isus și cu mine i-am mulțumit Tatălui în timp ce eram purtați spre pod, de ceea ce se întâmpla în jurul nostru și prin noi.

Apropiindu-ne de pod, ne-am oprit fără nici o problemă. Isus a spus, "De fiecare dată când te oprești sau simți că ar trebui să te oprești când călătorești pe această cale, este vorba de o întâlnire divină care va avea din ce în ce mai multă importanță. Fii atent. Acum uite-te la pod, este podul tăriei."

Isus a dispărut și a reapărut de cealaltă parte a podului. Știindu-mi gândurile a vorbit cu smerenie, "Eu deja am trecut peste acest pod, acum e rândul tău."

Podul era de mahon închis și trecut de vreme. Avea balustrade pe ambele părți și trei trepte ce urcau spre el. După trepte urma o alee făcută din apă. Apa era sub forma unor scânduri de lemn, doar că erau din apă. Fiecare scândură de apă avea o scenă diferită ce se vedea în ea.

Zâmbind Isus m-a îndrumat, "Treci peste pod și privește lacrimile."

Am pășit pe pod și armura pe care o purtam împreună cu relevația ei au fost absorbite în ființa mea. Nu o mai purtam în afara ființei mele ci deveniseră parte din mine. Tot ce puteam vedea acum, erau culori ce ieșeau din mine. Aceasta era realitatea spirituală despre care tocmai am fost învățat, manifestându-se. Toată armura fizică pe care am ridicat-o era o simplă reprezentare a unei realități spirituale.

Cu fiecare pas de-a lungul podului am văzut scene din biblie. L-am văzut pe Moise suferind în deșert, înlăcrimat, l-am văzut pe Isus în Grădina Ghetsimani, apoi chiar înainte de cruce când a fost bătut, l-am văzut pe Ioan cel iubit în închisoare, și l-am văzut pe Pavel fiind bătut. Am văzut pe fiecare bărbat sau femeie din biblie în cel mai dificil moment al vieții lor, simultan și am înțeles totul cu o claritate perfectă. În fiecare din aceste scene erau vărsate multe lacrimi. Erau MARI plânsete. În plâns, în momentul cel mai greu al luptei lor acești oameni ajunseseră la capătul puterilor. Unii au decis să ajungă la capătul puterilor lor înainte de a începe greutățile, dar alții au așteptat până nu au mai avut nici o putere înainte de a-L striga pe Dumnezeu.

În momentul în care oamenii ascultau în liniște și nemișcare, așteptându-L pe Domnul, intrând în locul secret al Celui Mai Înalt, și continuând de acolo în supunere perfectă, nu numai că deveneau din ce în ce mai puternici dar își mențineau tăria prin comuniune constantă cu Dumnezeu.

Am ajuns la capătul podului și Isus mi-a spus, " Ceea ce tocmai ai realizat se numește Comoara Tăcerii. În liniște, în prezența divină este locul unde vei învăța despre Tatăl.

Cu lacrimi în ochi, i-am mulțumit. Mi-a răspuns, " Este scris în Psalmul 84...

"Ferice de cei ce locuiesc în Casa Ta! Căci ei tot mai pot să Te laude. Ferice de cei ce-și pun tăria în Tine, în a căror inimă locuiește încrederea. Când străbat aceștia valea plângerii, o prefac într-un loc plin de izvoare, și ploaia timpurie o acoperă cu binecuvântări. Ei merg din putere în putere și se înfățișează înaintea lui Dumnezeu în Sion. Doamne Dumnezeul oștirilor, ascultă rugăciunea mea! Ia aminte, Dumnezeul lui Iacov! Tu, care ești scutul nostru, vezi, Dumnezeule, și privește fața unsului Tău! Căci mai mult face o zi în curțile Tale decât o mie în altă parte; eu vreau mai bine să stau în pragul Casei Dumnezeului meu, decât să locuiesc în corturile răutății! Căci Domnul Dumnezeu este un soare și un scut, Domnul dă îndurare și slavă, și nu lipsește de nici un bine pe cei ce duc o viață fără prihană. Doamne al oștirilor, ferice de omul care se încrede în Tine!"

Isus s-a oprit pentru o clipă și mi-a întins mâna. L-am luat de mână și ne-am aflat imediat în Cer stând înaintea muntelui Sion. Arăta înfricoșător, înconjurat de un nor întunecat plin de fulgere și tunete răsunătoare. Uitându-se spre mine, Isus mi-a făcut semn să mă apropii și să merg cu El spre munte. A continuat să îmi vorbească: "Oamenii mei iau multe versete și le spiritualizează. Scrie că atunci când mergi din putere în putere vei apărea înaintea lui Dumnezeu în Sion; chiar așa este. Înțelege asta: tu ești în Mine și Eu sunt în tine. Când privești prin ochii Înțelepciunii și ai Iubirii vei vedea că este dorința inimii Tatălui, să se descopere."

După câțiva pași ne-am oprit și am privit spre munte. Vulturi zburau în jurul norului întunecat strigând, "Sfânt, Sfânt, Sfânt." Isus m-a privit zâmbind și mi-a spus, " Cum am spus înainte, locul secret al Celui Mai Înalt se află în interiorul norului întunecat. Trebuie să treci prin nor ca să îl vezi pe Tatăl. Există momente când El va ieși și te va vizita în Eden dar dacă vrei să cunoști locul secret trebuie să treci prin nor. Pregătește-te, nu este atât de gros cum pare dar fă bine și pregătește-te."

Teroarea nu poate să înceapă să descrie ce simțeam. Să fi în prezența unei ființe mult mai puternice, dar mai să treci prin ceea ce Îl reprezintă ca judecător, nu poate fi descris decât ca fiind 'Grozav și Teribil!' În timp ce mă apropiam de norul întunecat, m-am întrebat de o mine de ori: Merită? Voi supraviețui? Cât de mânios este? M-am hotărât să o fac. În loc să merg încet am decis să stau pe loc și să sar dintr-o dată prin tot pentru a nu prelungi această experiență. Chiar dacă eram așa de speriat, planul ăsta părea că are sens.

Într-o clipă am sărit spre norul cel întunecat. Când inima a atins norul mi s-a părut că timpul se oprește (dacă asta e posibil în afara timpului). Imediat am simțit norul pătrunzându-mi în inimă. Nu era așa cum m-am așteptat. Era înfricoșător că o ființă mai mare își avea mâinile pe mine și în mine. Nu puteam face nimic în privința asta. El lucra feroce și agresiv dar ce făcea era bine. Tatăl era în inima mea anihilând toate concepțiile mele greșite despre El. Orice venea în contradicție cu faptul că El era absolut BUN, a fost îndepărtat. A durut mai tare decât pot descrie pentru că eram așa de atașat de acele lucruri, dar ooh, ușurarea de a-mi cunoaște cu adevărat Tatăl. În sfârșit am aterizat în cealaltă parte.

Era Tatăl, Tatăl meu. Avea formă de om cu trăsături distincte dar era făcut din lumină pură cu cele mai pure motive și cele mai sfinte intenții. El nu avea lumină, El era lumină. Mi-am aplecat capul și când s-a apropiat, m-a cuprins ușor și m-a îmbrățișat. Cu inima mea în mâinile Lui, trăgându-mă în EL însuși, Tatăl mi-a pus o întrebare, "Joseph, unde vrei să mergi?"

Inima mi s-a topit. Mi-a atins cea mai adâncă dorință a inimii care era să Îl văd și să merg cu El într-o aventură. În momentul în care m-a cuprins în El, m-am uitat în afară și am văzut totul. Am văzut toată creația și toată omenirea individual și toate căile pe care cineva le putea lua, toate deodată, și am înțeles totul. Fiecare om și toată creația din trecut, prezent și viitor aveau diferite căi pe care puteau umbla și diferite decizii pe care le puteau lua. Am văzut toate deciziile care puteau fi luate și toate deciziile care erau luate și puteam să iubesc în ciuda deciziilor greșite. Am văzut toate căile care puteau fi luate și toate căile care erau luate individual dar și colectiv în același timp. Am știut instantaneu și am putut vedea cum cea mai mică decizie luată de o persoană afectează totul în jurul lor, inclusiv creația. Am văzut direcția în care se îndreaptă creația și gemetele pământului. Am văzut evenimente care au precedat strigătele pentru glorie ale Fiilor lui Dumnezeu și am înțeles totul de la cel mai mare eveniment cataclismic până la cea mai mică decizie luată de un om. Este foarte, foarte greu de descris în cuvinte.

Fiind copleșit, simțindu-mă ca un băiețel care a realizat că tatăl lui îl iubește, abia am avut putere să răspund, " Cu Tine." Acum puteam să Îl simt pe Tatăl plângând. Și eu îi atinsesem inima.

RECUNOȘTINȚE

Aș dori să acord puțin timp să mulțumesc unor oameni deosebiți din viața mea. Aș dori să îi mulțumesc bunului meu prieten Ryon Barnes. Abilitatea lui unică de a extrage detalii profetice și de a aduce claritate în fiecare situație, a transformat complet această carte. Calitățile lui organizatorice și abilitatea de a pune întrebarea potrivită în anumite situații, au fost de maximă importanță. Mulțumesc prietene! De asemenea doresc să mulțumesc echipei de graficieni pentru munca lor neobosită pentru cartea mea – vă onorez! În final aș dori să îi mulțumesc lui Chris Blackeby. O parte din mine s-a simțit singură în ce am început să umblu până când ai apărut tu în viața mea. Tu ai fost cea mai mare sursă de încurajări pe care le-am primit în această privință. Credința ta e încurajatoare. Sunt foarte bucuros să îmi amintesc aventurile în care ne-a dus Dumnezeu împreună și le aștept cu nerăbdare pe următoarele. Fii maturi, complet transfigurați, învingând moartea pentru o întreagă generație. Viața ta este o mărturie a bunătății lui Dumnezeu.

DESPRE AUTOR

Joseph Sturgeon trăiește și lucrează în Alabama. Îi place să petreacă timp în Cer și să înregistreze aceste experiențe în scris.

Altfel îl vei găsi bucurându-se în aer liber, fiind implicat în lumea afacerilor și călătorind cu prieteni.

Mai multe resurse pot fi găsite la www.revelationrevealed.net

Seraph Creative este un grup de artiști, scriitori, teologicieni și graficieni care doresc să vadă Trupul lui Hristos crescut la maturitate, umblând în moștenirea lor ca Fii de Dumnezeu pe Pământ.

Pentru mai multe titluri de calitate vizitați pagina noastră:

www.seraphcreative.org

www.ingramcontent.com/pod-product-compliance
Lightning Source LLC
Chambersburg PA
CBHW050319010526
44107CB00055B/2307